W0046203

Christian Hanne

Wenn's ein Junge wird, nennen wir ihn Judith

Aus den Gründerjahren des Familienbetriebs

seitenstraßen verlag

Impressum

1. Auflage, September 2016, Originalausgabe

© Seitenstraßen Verlag GmbH, Berlin

Titelbildillustration: Jan Steins

Satz: baroness.de

Druck: Buch- und Offsetdruckerei H. Heenemann GmbH, Berlin

ISBN: 978-3-937088-21-1

Das Manuskript entstand exklusiv für dieses Buch; es enthält einige
überarbeitete und erweiterte Textpassagen, die zuvor auf dem Blog des Autors,
www.familienbetrieb.info, veröffentlicht wurden.

Vorbemerkung

Jede Ähnlichkeit mit lebenden oder nicht mehr lebenden Personen ist rein zufällig und nicht beabsichtigt. Insbesondere wenn Sie sich in einer der Figuren wiedererkennen und mich für die despektierliche Darstellung Ihrer Person verklagen möchten.

Sollten Sie sich aber für die Vorlage einer der Charaktere halten und so wenig Selbstachtung besitzen, dass Sie sich darüber freuen und mir dafür Geldzuwendungen zukommen lassen wollen, dann war die Ähnlichkeit natürlich intendiert.

Inhalt

Kapitel 1
Die Hochzeit meines Bruders

»Shit, shit, shit!« Fluche wie ein englischer Fußballfan, dessen Team gerade im Elfmeterschießen verloren hat. Es ist Samstagmorgen, 6.30 Uhr. Eigentlich kein Grund für einen solch emotionalen Ausbruch. Wenn wir nicht verschlafen hätten und in einer Stunde in einem Zug sitzen müssten, der uns quer durch die Republik zur Hochzeit meines Bruders bringt.

Was anmutet wie der Anfang von »Vier Hochzeiten und ein Todesfall« ist leider keine romantische Komödie, sondern bittere Realität. Und im Hintergrund singen nicht »Wet Wet Wet« davon, dass die Liebe überall ist, sondern die Freundin stößt einige klingonische Flüche hervor.

Hektisch suchen wir unsere Anziehsachen zusammen und stopfen sie in Reisetaschen. Dabei erörtern wir in einem kurzen, leicht hitzigen Dialog, wer für das katastrophale Zeitmanagement und die mangelhafte Vorbereitung verantwortlich ist. Die Freundin bemerkt spitz, wir hätten den Wecker ja lauter stellen können, damit wir ihn heute früh hören. Sieben Jahre Partnerschaft haben mich gelehrt, dass dieses »Wir« keinen gemeinschaftsstiftenden, sondern anklagenden Charakter hat. Da ich mich aber ebenso gut auf passiv-aggressive Gesprächsführung verstehe wie die Freundin, erwidere ich, wir hätten ja auch gestern schon die Reisetasche packen können. Betone dabei das »Wir« noch vorwurfsvoller als sie.

Die Stimmung ist eher so semi-gut. Wie bei einer UN-Vollversammlung, auf der über den Nahost-Konflikt diskutiert wird.

Nach einer waghalsigen Taxifahrt erreichen wir kurze Zeit später den Berliner Hauptbahnhof und rennen mit unseren Reisetaschen unter den Armen und wehenden Kleidersäcken durch die Bahnhofshalle. Feuere die Freundin wie ein Navy-Seals-Ausbilder mit einem barschen aber motivierenden »Go, go, go« an. Dies wirkt auf Umstehende möglicherweise wenig sympathisch – insbesondere auf die Freundin –, erfüllt aber seinen Zweck: In letzter Sekunde erreichen wir das Gleis, rempeln die Schaffnerin, die bereits zur Abfahrt pfeift, zur Seite und springen in den Zug.

Nachdem wir das Gepäck verstaut und unsere Plätze eingenommen haben, schläft die Freundin sofort ein. Begebe mich ins Bord-Bistro, um das fragwürdige kulinarische Angebot zu studieren. Investiere meine letzten Euros in einen Kaffee, der geschmacklich irgendwo zwischen Spülwasser und Eselsurin liegt. Wenigstens ist er stark, und das Koffein sorgt für den erwünschten Adrenalinkick, der meine Müdigkeit vertreibt.

Das ist bitter nötig, denn ich muss die Zugfahrt nutzen, um eine Rede vorzubereiten. Mein Bruder hatte mir unangemessen kurzfristig eröffnet, dass er von mir als Trauzeugen ein paar warme Worte erwartet. Gut, eigentlich hat er mir das vor drei Monaten mitgeteilt, aber nur Amateure schreiben eine Hochzeitsrede so lange vor dem Termin. Es ist ja nicht auszuschließen, dass es auf dem Junggesellenabschied zu unangebrachten amourösen Interaktionen mit strippenden Tänzerinnen kommt und sich das ganze »Bis-dass-der-Tod-uns-scheidet« in Wohlgefallen auflöst. Da wäre es schade um die viele Arbeit. Die Junggesellenparty meines Bruders verlief aber leider vorfallsfrei, sodass ich nun in den nächsten vier Stunden auf ein rhetorisches Heureka-Erlebnis hoffen muss.

Überlege, die Rede mit einem kleinen Witz zu eröffnen. Beispielsweise von dem Mann, der bei seiner Goldenen Hochzeit gefragt wird, welches die schönste Zeit seiner Ehe gewesen sei, und der antwortet, die sieben Jahre in russischer Kriegsgefangenschaft. Finde ich persönlich ganz lustig. Allerdings teilen nicht sehr viele Menschen meinen feinsinnigen Humor. Da die Braut hochschwanger ist, böten sich auch ein paar Bemerkungen über das Tabu des vorehelichen Koitus an. Die Freundin schüttelt im Schlaf energisch den Kopf.

Oder ich steige mit einem Zitat aus dem »Kleinen Prinzen« ein. Das kommt immer gut an. »Man sieht nur mit dem Herzen gut. Das Wesentliche ist für die Augen unsichtbar.« Eigentlich ganz praktisch, wenn nach zwanzig Ehejahren der körperliche Verfall des Partners fortgeschritten ist. Andererseits sind Kleine-Prinz-Zitate auf Hochzeiten so originell und abgeschmackt wie Carpe-Diem-Wandtattoos.

Das zunehmende Hungergefühl ist meiner Kreativität nicht gerade zuträglich. Schließe die Augen, um mich besser konzentrieren zu können. Das rhythmische Rattern des

Zuges hat eine beruhigende Wirkung. Plötzlich rüttelt die Freundin unsanft an meiner Schulter. Der Schaffner habe gerade durchgesagt, der Zug sei mehr als eine Stunde verspätet. Dies ist aufgrund unserer ökonomischen Zeitplanung für das pünktliche Erscheinen bei der Trauung eher ungünstig.

Im Bahnhof in Frankfurt erwarten uns meine Eltern ungeduldig. Erkläre ihnen zur Begrüßung, wir äßen gerne noch eine Kleinigkeit. Mutter erwidert, dafür sei keine Zeit, wir müssten dringend zur Kirche. Mit diesen Worten stürmen meine Eltern in Richtung Parkhaus.

In rasantem Stil steuert Vater das Auto durch die hessische Provinz, wir erreichen die Kirche just in dem Moment, als die Trauung beginnen soll. Spurte in die Sakristei, wo sich mein Bruder erfreut zeigt, dass ich es einrichten konnte, pünktlich zu erscheinen. Erkläre, das sei doch Ehrensache. Während ich schnell in meinen Anzug wechsle, sagt mein Bruder, er sei schon sehr gespannt auf meine Rede. Erwidere, dies ginge mir genauso.

Der Pfarrer fragt leicht gereizt, ob wir bereit seien, die Gäste würden allmählich ungeduldig. Schlage vor, er könne die Menge doch mit ein wenig Messwein beruhigen. Entnehme seinem missbilligenden Blick, dass es sich in einem Gotteshaus nicht geziemt, über das zu Wein gewordene Blut Christi Witze zu machen.

Nachdem ich meine Krawatte umgebunden habe, beginnt der Gottesdienst. Es wird gesungen, gelesen und gefürbittet, was das Zeug hält. Für meinen Geschmack alles etwas zu langatmig. Versuche, mein Magenknurren mit den zahlreichen Orgeleinspielungen zu synchronisieren.

Schließlich setzt der Pfarrer zur Traupredigt an und redet über das Hohe Lied der Liebe. Mit sonorer Stimme deklamiert er: »Die Liebe ereifert sich nicht, sie prahlt nicht, sie bläht sich nicht auf.« Ob ich der Einzige bin, der hier an Pups-Witze denkt? Schiebe es auf mein Hungerdelirium und döse den Rest des Gottesdienstes vor mich hin.

Im Anschluss an die Trauung haben mein Bruder und seine frisch Angetraute aus unerklärlichen Gründen nicht dafür gesorgt, dass vor der Kirche kleine bis mittelgroße Snacks gereicht werden. Stattdessen macht ein Fotograf unzählige Gruppenbilder von der Hochzeitsgesellschaft und strapaziert sowohl meine Geduld als auch meinen Magen aufs Äußerste. Nachdem alle zufrieden mit den Bildern sind beziehungsweise auf die Bildbearbeitungskünste des Fotografen hoffen, fahren wir zu dem Hotel, in dem die Hochzeitsfeierlichkeiten stattfinden. Mein Vorschlag, auf dem Weg kurz in einer Pizzeria anzuhalten, wird abgelehnt.

Im Hotel gibt es zunächst einen Sektempfang. Postiere mich mit der Freundin strategisch geschickt an einem der Stehtische und sichere uns einen exklusiven Zugriff auf eine Schale mit Knabbereien. Überlege, was die sozial akzeptierte Menge an Chips ist, die man sich auf einem Hochzeitsempfang in den Mund stopfen darf.

Plötzlich taucht Tante Uschi auf, die exzentrische 70-jährige Schwester meiner Mutter. Sie trägt ein ästhetisch fragwürdiges Outfit, das aussieht wie ein aus gehäkelten Topflappen zusammengesetzter Quilt, der mit Brüsseler Spitzen besetzt ist. Durch das löchrige Ensemble leuchtet ihr rosa Schlüpfer. Sie bedankt sich überschwänglich bei mir für meinen hilfreichen Rat bezüglich ihrer Kleiderwahl. Entsinne mich dunkel, vor einigen Wochen mit ihr telefoniert zu haben. Möchte nicht ausschließen, dass dabei aus meinem Munde die Worte fielen: »Zieh einfach etwas an, in dem du dich wohlfühlst.« Woher hätte ich auch ahnen können, dass sie eine Wolldecke tragen wird.

Langsam macht sich bei mir der Sekt auf leerem Magen bemerkbar. Erinnere mich daran, dass ich noch die Rede halten muss, die ich allenfalls fragmentarisch vorbereitet habe. Genehmige mir ein weiteres Glas in der Hoffnung, der Alkohol möge mich inspirieren.

Endlich läutet ein Bediensteter des Hotels mit einem Gong zum Abendessen. Erfreulicherweise kommt die Bedienung sehr bald mit der Vorspeise. Unerfreulicherweise handelt es sich nur um ein in einer winzigen Mokkatasse serviertes Karottensüppchen und nicht um ein 500-Gramm-T-Bone-Steak.

Kaum sind die Tässchen abgeräumt, klopft der Vater der Braut mit dem Löffel gegen sein Glas und läutet das Unvermeidliche ein: die Reden! Er tritt ans Mikrofon und palavert von einem Boot, ruhigen Gewässern, stürmischen Winden, Kapitänen, alten Seebären und Leichtmatrosen. Rätsele, welcher Platz in der Bootsbesatzung wohl meinem Bruder zugedacht ist. Anschließend ergreift Vater das Wort und verknüpft einige Loriot-Zitate mit Anekdoten aus seiner fast 40-jährigen Ehe. Der Saal tobt. Mutters Begeisterung hält sich in Grenzen.

Nun bin ich an der Reihe. Mit dem Enthusiasmus eines zum Tode Verurteilten auf dem Weg zum Schafott betrete ich die Bühne. Starre in die erwartungsvollen Gesichter der Gäste und hoffe auf einen Geistesblitz. Höre mich nach einer unerträglich langen Kunstpause sagen: »Man sieht nur mit dem Herzen gut.« Spüre förmlich, wie an der Wand hinter mir ein Carpe-Diem-Schriftzug erscheint. Schiebe ein paar Roland-Kaiser-Zitate hinterher, verknüpfe sie mit Versatzstücken aus der heutigen Predigt und garniere das Ganze mit einigen »Liebe ist …«-Kalendersprüchen, die ich mir spontan ausdenke. Rede mich in einen regelrechten Rausch, was bei meinem bisherigen Sektkonsum durchaus wörtlich zu verstehen ist. Nach knapp 30 Minuten komme ich zum Ende, und die Gäste liegen sich vor Rührung weinend in den Armen. Oder vor Erleichterung, dass es vorbei ist.

Anschließend werden weitere Gänge serviert, deren Portionsgrößen sogar Zwergkaninchen hungrig zurückließen. Dann beginnt der demütigende Teil des Abends für das Brautpaar. Die Trauzeugin hat sich mit einigen Bekannten

»lustige« Hochzeitsspielchen ausgedacht. Hatte mich der Planung derselbigen mit Verweis auf die zeitaufwendige Vorbereitung meiner Rede entzogen. Über anderthalb Stunden lang müssen die beiden frisch Vermählten eine Reihe entwürdigender Spiele über sich ergehen lassen und mäßig lustige Gedichte von mäßig talentierten Vortragenden erdulden.

Erkläre der Freundin, diese Art erniedrigender Rituale sei der Grund, warum ich niemals heiraten könne. Bevor sie etwas antworten kann, gesellt sich Tante Uschi wieder zu uns. Beseelt von Wein und Cognac findet sie, wir seien so ein schönes Paar, da gäben wir uns doch sicherlich auch bald das Ja-Wort. Antworte mit dem Nein-Wort.

Im nächsten Moment haut mir der Schwippschwager meines Vaters krachend auf die Schulter. Er sagt, es sei schön, mich wiederzusehen. Erwidere scheinheilig, die Freude sei ganz meinerseits. Versuche, mich an seinen Namen zu erinnern. Er erkundigt sich, wann denn bei uns die Hochzeitsglocken läuteten. Erkläre, dass ich demnächst als Fremdenlegionär nach Lateinamerika ginge, und da seien langfristige Verpflichtungen romantischer Natur schwierig.

Kaum haben wir uns des Schwippschwagers entledigt, machen wir die Bekanntschaft der Großmutter der Braut. Sie erkundigt sich ebenfalls, wann wir gedächten, den Bund der Ehe einzugehen. Erzähle ihr, ich würde nächsten Monat das Priesterseminar beenden, und es sei noch nicht klar, ob die Freundin in meiner Pfarrstelle als Haushälterin arbeiten könnte. Damit endet das Gespräch abrupt.

14

Nach ein paar weiteren Gläsern Sekt überredet mich die Freundin, die Tanzfläche aufzusuchen. Willige in der Hoffnung ein, dass uns hier niemand fragt, wann wir heiraten wollen. Tanze mit der Freundin etwas Discofox-Ähnliches, als mich plötzlich ein kleines Mädchen an der Jacke zieht.

Mit kindlicher Unschuld fragt sie: »Seid ihr auch verhochzeitet?« »Nein, sind wir nicht«, antworte ich ihr freundlich. »Warum nicht?«, will sie mit penetranter Distanzlosigkeit wissen. »Weil wir finden, dass die Ehe eine spießbürgerliche Institution ist, die darauf abzielt, durch das patriarchale Modell des Einverdiener-Haushalts Frauen zu unterdrücken, indem Mütter gezwungen werden, sich um Haushalt und Kinder zu kümmern«, erkläre ich geduldig. (Da haben sich die zwei Semester Geschlechter-Studien endlich mal gelohnt.)

Das Kind und die Freundin schauen mich mit großen Augen an. »Magst du das große Mädchen etwa nicht?«, erkundigt sich das kleine Mädchen. »Doch, natürlich«, erwidere ich. »Dann könnt ihr doch auch hochzeiten und so süße Kinder haben wie mich«, stellt die Kleine freudestrahlend fest. Beende das Gespräch, indem ich ihr ein riesiges Stück Hochzeitstorte hole.

Ein paar Stunden später liegen die Freundin und ich erschöpft im Bett. Erkläre der Freundin, heiraten sei mir echt zu anstrengend, aber das kleine Mädchen habe recht, wir wären bestimmt großartige Eltern und wir sollten ein Kind bekommen. Die Freundin ist skeptisch. Gerade sei es doch eher ungünstig, wo sie mitten in der Dissertation stecke und ich mein PR-Volontariat noch nicht beendet habe. Erwidere, es sei nie der richtige Zeitpunkt für ein Kind. Man ist entweder zu jung oder zu alt, man hat gerade einen neuen Job angefangen oder der nächste Karriereschritt steht an und man muss zu viel arbeiten, die Wohnung ist zu klein oder gerade neu renoviert und so weiter und so fort. Aber wenn es nie passt, dann passt es eigentlich auch immer, erkläre ich im Brustton der Überzeugung. Eine die Gesetze der Logik neu definierende Argumentation, die erstaunlicherweise dennoch die Freundin überzeugt. »Da hast du irgendwie recht«, sagt sie. (Ein Satz, den sie sehr selten bis nie an mich adressiert.)

Die Gunst der Stunde nutzend, schlage ich vor, am besten machten wir gleich Nägel mit Köpfen. Streichle dabei verführerisch-ermutigend die Schulter der Freundin. Sie gibt zu bedenken, mein Sektkonsum beeinträchtige sicherlich meine Fortpflanzungsfähigkeit. Entgegne entrüstet: »Der Seemann mag betrunken sein, aber der Schiffsmast steht wie eine Eins!«

Schlafe danach sofort ein.

Kapitel 2
Stiftung Schwangerschaftstest

»Jetzt ist der perfekte Zeitpunkt, um ein Kind zu zeugen«, erklärt die Freundin mit ernster Miene. Es ist Montagmorgen, und ich schaue schlaftrunken zu ihr rüber. Die Freundin sitzt neben mir im Bett und schaut konzentriert auf ihren Laptop.

Nachdem wir uns auf der Hochzeit meines Bruders entschieden hatten, ein Baby zu bekommen, hat die Freundin unverzüglich die Pille abgesetzt und einen komplexen Algorithmus entwickelt, der ihr unter Berücksichtigung von Eisprung-Terminen, Mondphasen und meteorologischen Niederschlagsvorhersagen das optimale Zeugungsdatum ausrechnet. Mein Vorschlag, ihre monatlich auftretenden Stimmungsschwankungen als Variable einfließen zu lassen, fand keinen Anklang bei ihr. Stattdessen wurde das ganze Vorhaben für einige Tage auf Eis gelegt.

Empfinde dieses systematische, durchgeplante Vorgehen als etwas zu technokratisch und geradezu lustfeindlich. Fast wie eine Spende in einer Samenbank. Da gibt es aber wenigstens ein paar motivierende pornografische Magazine. Hat mir ein Freund erzählt. Schlage der Freundin vor, wir könnten uns heute Abend durch einen Erotikfilm inspirieren lassen. Selbstverständlich künstlerisch anspruchsvoll in Schwarz-Weiß. Sie schüttelt den Kopf. Laut ihren Berechnungen sei just in diesem Moment die beste Gelegenheit, unseren Kinderwunsch in die Tat umzusetzen. Meinen zaghaften Einwand, wir müssten aufstehen und zur Arbeit gehen, wischt sie beiseite.

»Jetzt oder nie!«, ruft sie. Mir fällt dazu nur ein, dass es ein Lied von Udo Jürgens mit diesem Titel gibt. Libidinös gesehen eine eher hemmende Assoziation. Versuche, mich auf das Wesentliche zu konzentrieren. Vor meinem geistigen Auge erscheint Udo Jürgens in einen dicken, weißen Bademantel gehüllt und schmettert »Aber bitte mit Sahne!«. Mein Unterbewusstsein will anscheinend nicht, dass ich ein Kind zeuge.

Die Freundin lässt nicht locker. »Wir müssen die Gelegenheit beim Schopfe packen!«, ruft sie euphorisch. Das macht mir Angst. Was, wenn der Schopf, den sie packen will, eine Metapher für »Sie wissen schon was« ist? Willige also lieber in den sofortigen Vollzug des Projekts »Nachwuchs« ein.

Fahre eine Stunde später mit dem Rad zur Arbeit. Ob ich dort die nächsten acht Stunden so produktiv bin wie heute früh? Wahrscheinlich nicht.

Gut zehn Tage nach dem zeitlich optimierten Versuch, unser Erbgut zu vereinigen, ruft die Freundin im Büro an. Sie habe es im Gefühl, dass sie morgen ihre Tage nicht bekäme, da möge ich doch bitte auf dem Heimweg einen Schwangerschaftstest kaufen. Erwidere, ich hätte bei diesem Thema sicherlich weniger Expertise als sie, aber ihre Periode müsse doch erst ausbleiben, damit eine Schwangerschaft festgestellt werden könne. So hätte ich das damals im Biologieunterricht gelernt. Letzteres soll meiner Aussage das Gewicht der unbestechlichen Wissenschaft verleihen, ist aber eine schamlose Lüge. Tatsächlich habe ich keinerlei Erinnerung an meinen Biologieunterricht. (Ein Phänomen, das bereits während meiner Schulzeit zu beobachten war.) Die Freundin entgegnet, erstens hätte ich keine Ahnung, und zweitens könnten die modernen Tests von heute bereits sehr frühzeitig eine Schwangerschaft nachweisen. Daher schade es nichts, sich schon mal einen ersten Eindruck zu verschaffen.

Um unsere Unterhaltung richtig zu verstehen, müssen Sie wissen, dass Geduld in unserer sich stets harmonisch ergänzenden Partnerschaft sehr ungleich verteilt ist. Die Freundin ist – und dies schreibe ich mit größtmöglicher Zuneigung – meist rastlos wie ein Äffchen auf Speed. Ich dagegen ruhe ganz in mir und strahle stets die Gelassenheit eines Zen-Mönches aus. Die Freundin vertritt allerdings die Meinung, ich solle mein an Ignoranz grenzendes Phlegma nicht mit Tugenden wie Geduld, Gleichmut und Ausgeglichenheit verwechseln.

Ergebe mich meinem Schicksal, denn mit einem durch Amphetamine aufgeputschten Äffchen lässt sich nicht gut diskutieren. Verspreche der Freundin, einen Schwangerschaftstest zu besorgen.

Suche nach Feierabend eine Drogerie auf. Finde die Schwangerschaftstests in der hintersten Ecke des Ladens.

Direkt neben diversen Gleitcreme- und Massageöl-Produkten. Mit Blick auf den alarmierenden Geburtenrückgang in Deutschland und der damit verbundenen Rentenproblematik eine sehr begrüßenswerte Anordnung. Zuerst erwerben zeugungswillige Paare diverse unterstützende Lotionen und Schmiermittel, danach können sie den Ausgang ihrer kopulativen Zweisamkeit überprüfen.

Das Angebot an Schwangerschaftstests ist verwirrend umfangreich. Der erste Test verspricht ein Ergebnis nach fünf Minuten. Das ist länger, als viele Paare für den Geschlechtsverkehr benötigen. Für die stets hibbelige Freundin eine inakzeptabel lange Wartezeit. Dafür besticht der Test durch eine sagenhaft hohe Trefferquote von 99,9 Prozent.

Der nächste Test wirbt damit, das Resultat digital in Worten auszuspucken. Ein unmissverständliches »Yes« oder »No« im Display soll vermeiden, dass nervöse Anwender in der aufwühlenden Situation das Ergebnis falsch deuten. Stelle allerdings fest, dass der High-Tech-Test dreimal teurer als die analogen Varianten ist. So schwer sind die herkömmlichen Tests eigentlich doch nicht zu interpretieren. Sicherheitshalber könnte ich zusätzlich Baldriantropfen besorgen, mit denen wir unsere Nerven vor der Testauswertung beruhigen können. Dann hätte ich immer noch zehn Euro gespart.

Da entdecke ich eine weitere Schachtel, auf der in großen Lettern steht: »Gewissheit in 40 Sekunden«. Das kommt der rastlosen Freundin – und damit mir – sehr entgegen. Jedoch geht die Schnelligkeit mit einer gewissen Unzuverlässigkeit des Testergebnisses einher. Die Treffergenauigkeit liegt bei nur 99 Prozent. Bei 100 Testversuchen käme also ein falsches Ergebnis raus. Somit ist die Fehlerwahrscheinlichkeit höher als die Aussicht, im Lotto zu gewinnen.

Vielleicht sollte ich lieber einen Lottoschein kaufen. Von dem Millionengewinn könnten wir uns dann den kostspieligen High-Tech-Test leisten. Bin mir allerdings nicht sicher, ob die Freundin willens ist, diesem leicht ins Dadaistische spielenden Gedankengang zu folgen. Ignoriere daher meine pekuniäre Bedenkenträgerei von eben und beschließe, einfach alle drei Tests zu kaufen.

Gehe mit meinen Packungen zur Kasse. Die Verkäuferin stellt mit Berliner Charme fest: »Na, da will aber einer auf Nummer sicher gehen.« Entgegne lachend: »Nein, dann hätte ich Kondome gekauft.« Findet die Frau nicht ganz so lustig wie ich. Sie schaut mich missbilligend an und reicht mir stumm das Wechselgeld.

Die Freundin ist noch nicht da, als ich nach Hause komme. Schaue mir die Tests etwas genauer an. Ich könnte ja einen selbst ausprobieren. Möchte als aufgeschlossener werdender Vater schließlich mitreden können.

Öffne im Badezimmer den 40-Sekunden-Turbotest. Die Handhabung ist jedoch komplizierter als gedacht. Setze mich zunächst auf die Toilette, um über die Testspitze zu pieseln. Dabei fällt mir der Test ins Klo. Stelle mich daher vor die Toilette. Empfinde ein archaisches Freiheitsgefühl. Durch sieben Jahre Zweisamkeit bin ich selbstverständlich so konditioniert, im heimischen Bad ausschließlich und ausnahmslos im Sitzen zu urinieren. Mein Freiheitsgefühl leidet allerdings ein wenig, als ich nach der Prozedur Toilettenrand und Boden säubern muss. Das Lenken des Urinstrahls mit der linken Hand bei gleichzeitig ruhigem Halten des Tests in der rechten stellte nämlich eine feinmotorische Herausforderung dar, der ich nicht ganz gewachsen war.

Nach vierzig Sekunden zeigt der Test im Ausgabefenster eine einzelne Linie. Bin also nicht schwanger. Oder es ist der eine von 100 Versuchen, der ein falsches Resultat auswirft.

Kurz darauf kommt die Freundin und begrüßt mich erwartungsfroh. Sie will sofort einen Test machen. Wir gehen ins Bad. Verwundert fragt sie, was der benutzte Schwangerschaftstest im Mülleimer zu bedeuten hätte. Erkläre ihr, als empathischer Partner hätte ich den Test ausprobiert, um in der Schwangerschaft möglichst viele Erlebnisse mit ihr zu teilen. Die Freundin antwortet, das sei schön und gut, aber um den Zauber unserer Beziehung zu erhalten, zöge sie es jetzt vor, alleine über die Tests zu pinkeln. Verlasse ohne Widerworte das Bad.

Nachdem die Freundin nach 20 Minuten immer noch nicht aus dem Bad gekommen ist, klopfe ich zaghaft an die Tür und frage, ob ich hereinkommen dürfe. Die Freundin sitzt mit zerzaustem Haar und gerötetem Gesicht auf dem Badewannenrand. Sie erklärt, die Ergebnisse seien nicht eindeutig. Der Digital-Test zeige ein Fragezeichen, und bei dem anderen Test sei nicht wirklich eine zweite Linie zu sehen.

Die Freundin ist verzweifelt. Sie sei bestimmt nicht schwanger, und mit einem gewissen Hang zu Dramatik und Fatalismus ruft sie aus, sicherlich bekämen wir niemals ein Kind. Nehme sie in den Arm und erkläre, wir hätten doch erst einen Versuch unternommen, und vielleicht sei es einfach noch zu früh für einen Test. Sie verfüge sicherlich über außerordentlich gastfreundliche und einladende Eizellen. In Kombination mit meinem außergewöhnlichen Qualitätssperma müsse es mit dem Teufel zugehen, wenn sie nicht schwanger würde. Hoffe, während ich dies sage, dass meine Qualitätsspermien bessere Schwimmer sind als ich selbst.

Schlage der Freundin vor, sie solle in den nächsten Tagen einfach noch einmal einen Test durchführen. Sie ist einverstanden.

Kaufe nun täglich neue Schwangerschaftstests. Die Kassiererin in der Drogerie hält mich inzwischen bestimmt für einen Serienschwängerer. Oder einen Vollidioten. Wahrscheinlich für beides.

Mit jedem weiteren durchgeführten Test zeigt sich die zweite, eine Schwangerschaft bestätigende Linie deutlicher in dem Ausgabefeld. Auch der Digital-Test kann sich inzwischen zu einem zaghaften »Yes« durchringen.

Begleite die Freundin einige Wochen später zur Untersuchung bei ihrer Frauenärztin. Diese fuhrwerkt mit dem

Ultraschallkopf auf dem Bauch der Freundin umher, bis auf dem Monitor eine Erdnussflip-förmige Figur in grobkörniger Auflösung erscheint. Laut der Ärztin handelt es sich um unser Baby. Meine Bemerkung, es sähe ganz aus wie die Frau Mama, finden weder die Freundin noch die Frauenärztin sonderlich lustig. Es ist halt das erste Mal, dass ich bei einer Frauenärztin bin, und daher weiß ich nicht, welche Verhaltensweisen hier akzeptabel sind. Beim Witzemachen scheinen die Grenzen recht eng gesetzt zu sein.

Die Ärztin gratuliert uns zu unserer Schwangerschaft. Nun ja, um präzise und gynäkologisch korrekt zu sein, sind nicht wir schwanger, sondern ausschließlich die Freundin. Und – ganz vorsichtig formuliert – das ist auch gut so. Es ist doch ausreichend, wenn einer von uns beiden in den nächsten Monaten von Übelkeit und später von fortwährendem Harndrang gepeinigt wird. Was wäre außerdem der evolutionäre Mehrwert, wenn wir beide die Ausmaße eines adipösen Mammuts annähmen?

Darüber hinaus halte ich es persönlich für eine verzichtbare Erfahrung, nach neun Monaten etwas vom Umfang einer Honigmelone durch eine nadelöhrkleine Öffnung zu pressen. Es erscheint mir aber ratsam, diese Gedanken für mich zu behalten.

Sinniere auf dem Heimweg darüber, ob wir einen Jungen oder ein Mädchen bekommen. Erkläre der Freundin, dies sei mir im Prinzip schnuppe, Hauptsache, dem Kind geht es gut. Außerdem soll es ein freundliches Wesen haben sowie hilfsbereit und einfühlsam sein.

Intelligent und hübsch wäre auch nicht schlecht. Immerhin zwei nicht ganz unwichtige Faktoren für späteren beruflichen Erfolg. Zumindest das Aussehen. Wissenschaftliche Studien belegten immer wieder, dass gutaussehende Menschen in der Arbeitswelt erfolgreicher sind als ihre hässlichen Kollegen.

Wobei mit Blick auf die Vorstände von DAX-Unternehmen der kausale Zusammenhang von Aussehen und beruflichem Aufstieg nicht gleich ersichtlich ist. Da mehr als 95 Prozent von ihnen männlich sind, scheint es ein weitaus wichtigeres Kriterium für den Karriereerfolg zu sein, über einen Penis zu verfügen.

Lasse mich daher zu der Bemerkung hinreißen, dass es mit Hinblick auf unsere eigene finanzielle Absicherung im Alter doch von Vorteil wäre, wenn wir einen Sohn bekämen. Entnehme dem entgeisterten Gesichtsausdruck der Freundin, dass ihr ob meiner konfusen Gedankengänge das Geschlecht unseres Kindes herzlich egal ist, solange sich die mütterlichen Gene durchsetzen.

Beruflicher Erfolg ist ohnehin relativ. Unser Kind soll einfach zufrieden sein mit dem, was es später macht. Und was kann erfüllender sein, als beispielsweise für die Entdeckung eines Heilmittels gegen alle bekannten und unbekannten Krebsarten den Medizin-Nobelpreis entgegenzunehmen? Außer vielleicht mit einem Oscar für die beste Hauptrolle ausgezeichnet zu werden. Oder im WM-Finale in der Nachspielzeit das entscheidende Tor zu schießen.

Frage die Freundin, ob wir nicht schon einmal nach Schauspielschulen und Sportvereinen für hochbegabte Kinder suchen sollten. Sie gibt mir zu verstehen, dies sei angesichts meines mangelnden kreativen und sportlichen Talents vollkommen unnötig.

Erkläre der Freundin, dass es eigentlich egal sei, wie erfolgreich das Kind mal wird. Hauptsache, es mag Käsekuchen. Nicht auszudenken, es würde diesen König aller Kuchen verschmähen. Dann müssten wir es in die Babyklappe stecken, ins Heim abschieben oder zur Adoption freigeben. Die Freundin schaut, als würde sie mich am liebsten in die Babyklappe stopfen.

Fahre mit meinen philosophischen Reflexionen über die Zukunft unseres Nachwuchses fort. Das Kind solle sich später auf jeden Fall daran erinnern, dass die Eltern zu achten und zu ehren sind und es nicht opportun ist, die dementen und inkontinenten Erzeuger in ein drittklassiges Altersheim abzuschieben. Stattdessen sei es Ausdruck der Ehrerbietung, für die Betreuung eine gut ausgebildete Altenpflegerin von jugendlichem Aussehen und überdurchschnittlicher Attraktivität zu engagieren.

Schlage der Freundin vor, dass wir das am besten testamentarisch festhalten. Schließe aus ihrem parkinsonhaften Kopfschütteln, dass sie wahrscheinlich gerade über die Vorzüge des alleinigen Sorgerechts nachdenkt.

Kapitel 3
Umzug mit Hindernissen

»Wir ziehen um. Und zwar unverzüglich. Sofort«, erklärt die Freundin resolut. Es ist Samstagmorgen, und wir haben die Nacht auf unserem Schlafsofa im Wohnzimmer verbracht. Die zusammengezogenen Augenbrauen der Freundin verursachen auf ihrer Stirn eine Furche von der Tiefe der San-Andreas-Spalte und machen unmissverständlich deutlich, dass sie keine Diskussion wünscht.

Eigentlich gibt es keinen sachlichen Grund für ihren Wunsch nach einem Umzug, denn wir haben eine sehr schöne Wohnung. Berliner Altbau, abgezogene Dielen, Stuck an den hohen Decken und dazu noch ein neues Bad sowie eine moderne Einbauküche. Mit knapp 60 Quadratmetern ist sie für unseren zukünftig dreiköpfigen Haushalt womöglich etwas zu klein, aber so ein Säugling ist ja auch nur ungefähr 50 Zentimeter groß, weshalb ich die Platzsituation für den Anfang recht optimistisch einschätze.

Daher bestand zwischen der Freundin und mir Einigkeit, dass wir unser trautes Heim vorerst behalten. Bis gestern Abend.

Rückblende: Freitagabend, 22 Uhr
Liege gemeinsam mit der Freundin lesend im Bett, als sie mich anstößt. Sie deutet auf die Wand und sagt: »Schau mal,

eine große Motte.« Meine Augen weiten sich innerhalb einer Nanosekunde wie bei einem Maki-Äffchen und signalisieren ihr, dass es sich mitnichten um einen überdimensionierten Falter handelt. Nein, es ist eine Spinne. Und zwar ein besonders monströses Exemplar. Ihr Körper hat einen Durchmesser von gut drei Zentimetern, ihre Beine sind haarig und streichholzdick. Für die arachnophobe Freundin sitzt an der Wand ein kaninchengroßer Achtbeiner, der nur darauf wartet, uns mit seinen giftigen Kieferklauen ins Jenseits zu befördern. Situativ angemessen hyperventiliert sie und gibt Geräusche von sich wie eine altersschwache Dampflok.

Glauben Sie mir, in einem solchen Moment ist es wenig hilfreich und der partnerschaftlichen Harmonie geradezu abträglich, sich in Unvorsichtigkeiten wie: »Komm, die hat mehr Angst vor dir als du vor ihr« zu flüchten. Insbesondere wenn Sie selbst den Wahrheitsgehalt dieser Aussage angesichts einer Zähne fletschenden Spinne, die jederzeit zum Töten bereit ist, anzweifeln.

In unserer durch funktionale Arbeitsteilung gekennzeichneten Partnerschaft obliegt mir das Entsorgen von Arachniden. (Die Freundin ist dagegen für Käfer und andere Insekten zuständig.) Überlege, welche Waffe sich für das letale Duell mit der gulliveresken Spinne am besten eignet. Könnte es mit einem Dartpfeil versuchen. Bin allerdings nicht mehr so treffsicher wie noch während meines Studiums, als ich regelmäßig durch Pfeilewerfen Erholung von stressigen Referats- und Klausurvorbereitungen suchte. (Möglicherweise

28

ein nicht unwesentlicher Grund, warum ich mein Diplom erst vier Semester nach der Regelstudienzeit erwarb.)

Entscheide mich dafür, der Spinne mit einem großen Badetuch den Garaus zu machen. Inzwischen ist sie in Richtung Decke gekrabbelt und für mich vom Boden aus nicht mehr zu erreichen. Erklimme meinen wackeligen Schreibtischstuhl und trete, Zuversicht vortäuschend, zum Kampf der Giganten an.

Hier stehen wir uns nun gegenüber. Auge in Auge. Es kann nur einen geben. Sie oder ich. Ein Duell wie Rocky gegen Ivan Drago, Sigourney Weaver gegen den letzten Alien oder Harry Potter gegen Lord Voldemort. Nur unerbittlicher und erbarmungsloser.

Die Spinne funkelt mich hasserfüllt an und fletscht die Zähne. Versuche mich im Trash-Talk und sage lässig: »Deine Mudder spinnt Netze aufm Bahnhofsstrich.« Meine achtbeinige Nemesis zeigt sich unbeeindruckt.

Wähle jetzt eine Überrumpelungstaktik und schlage urplötzlich mit meiner behandtuchten Faust nach der Spinne. Allerdings lässt meine Hand-Auge-Koordination und damit die Präzision meines Hiebs zu wünschen übrig. Boxe mit voller Wucht direkt neben sie in die Wand.

Unter dem entsetzten Aufschrei der Freundin lässt sich die Spinne auf den Boden fallen und will sich aus dem Staub machen. Nicht mit mir! Wie ein Profi-Wrestler, der sich mit dem Ellenbogen voran von den obersten Ringseilen auf seinen am Boden liegenden Kontrahenten stürzt, springe ich von dem Stuhl hinunter. Lande krachend auf dem Boden, wirbele durch das Zimmer wie ein Derwisch und schlage mit dem Handtuch auf alles ein, was sich bewegt. Oder auch nicht. Stoße dabei ein paar kehlige Laute hervor. »Eat this, you motherfucking son of a bitch!«, rufe ich wieder und wieder. Ergänze einige andere vulgäre Schimpfworte aus der Welt der Körperausscheidungen und der Fortpflanzung. Mittlerweile hat die Freundin vermutlich mehr Angst vor mir als vor der Spinne.

Nachdem ich die halbe Schlafzimmereinrichtung zerlegt habe, entdecke ich in der Ecke die tote Spinne. Reiße die Arme in die Höhe und stimme ein archaisches Siegesgebrüll an. Die Freundin weist auf die späte Stunde und die mögliche Beeinträchtigung des nachbarschaftlichen Schlafbedürfnisses hin. Auf ihr Geheiß entsorge ich den Spinnen-Leichnam samt Handtuch in einer der Mülltonnen im Hof. Entgegen ihrer Anweisung zünde ich den Mülleimer allerdings nicht an.

Als ich zurückkomme, weigert sich die Freundin, im Schlafzimmer zu bleiben. Sie treibt die Sorge um, die Verwandtschaft der von mir gemeuchelten Spinne könnte uns dort aufsuchen, um Blutrache zu üben. Auge um Auge, Zahn um Zahn. Bei Bein um Bein würde es rechnerisch schwierig.

Am nächsten Morgen stürzt sich die Freundin sofort mit einer an Aktionismus grenzenden Emsigkeit in die Suche nach einer neuen Bleibe. Sie legt Suchprofile bei gängigen Immobilien-Webseiten an, abonniert diverse

Wohnungs-Newsletter und kauft die Wochenendausgaben sämtlicher Berliner Tageszeitungen, in denen sie penibel die Immobilienseiten studiert. Ich selbst kann mich mit der Idee des Wohnungswechsels nicht so recht anfreunden. Aufgrund meiner mir eigenen veränderungsaversen Trägheit erscheint mir ein Umzug ungefähr so attraktiv wie eine Koloskopie ohne Betäubung.

Mein schamanisches Krafttier ist nicht umsonst ein südamerikanisches Zweifinger-Faultier. Wer mag schon die logistisch und organisatorisch aufwendige Planung sowie das kräftezehrende Schleppen schwerer Kisten und sperriger Möbel? Erst nach drei Nächten auf dem wenig Komfort spendenden Schlafsofa steigt meine Motivation, die Freundin bei der Wohnungssuche zu unterstützen.

Glücklicherweise mangelt es nicht an interessanten Angeboten für die von uns erwünschte 3-Zimmer-Küche-Bad-Wohnung. Allerdings ist es gar nicht so einfach, den Maklersprech der Inserate zu entschlüsseln. So stellt sich beispielsweise heraus, dass die Wohnung in »zentraler Lage« direkt neben einem S-Bahnhof und der Stadtautobahn liegt. Die als »Liebhaberobjekt« angepriesene Wohnung entpuppt sich als verfallene Bruchbude, die höchstens fanatische Heimwerkerfetischisten befriedigt. Und das Loft im »aufstrebenden Szene-Viertel« befindet sich in einem so heruntergekommenen Kiez, bei dem es nach den Gesetzen der Logik nicht weiter abwärts gehen kann, sodass es irgendwann – in ferner Zukunft – zu Aufwertungstendenzen kommen muss.

Gegenwärtig eignet sich die Gegend allenfalls für Beobachtungsstudien über drogenabhängige Kleinkriminelle.

Aber auch bei den akzeptablen Mietangeboten treten Komplikationen auf. Kinder scheinen als Mietpartei nicht erwünscht zu sein. Bei einem Besichtigungstermin fragt uns ein Vermieter mit Blick auf den sich abzeichnenden Bauch der Freundin kritisch, ob wir etwa demnächst Nachwuchs erwarteten. Da wir die Wohnung sehr gerne haben möchten, antworte ich schnell, dies sei nicht der Fall. Kinder seien uns zuwider, und die Freundin esse einfach gerne und viel. Wider Erwarten bringt mir dies keine Sympathiepunkte beim Vermieter ein. Bei der Freundin auch nicht.

Schließlich finden wir doch eine Wohnung, bei der zu erwartende Kinder kein Ausschlusskriterium bei der Mieterauswahl darstellen. Der Besitzer ist ein unsympathischer Immobilienmogul, der Dutzende Mietshäuser sein Eigen nennt. Er lamentiert über die inakzeptable bürokratische Gängelung durch die Politik, was seine Mieteinnahmen schmälere und ihm das Vermieten geradezu verleide. Ich sehe der Freundin an, dass sie ihm gerne mitteilen würde, dass sie ihn für einen geldgierigen Schmierlappen hält und ihm gerne dabei behilflich wäre, sich den Mietvertrag sonst wohin zu stecken. Signalisiere ihr mit einem mahnenden Blick, dass die Wohnung zu gut geschnitten, zu verkehrsgünstig gelegen und die Miete zu bezahlbar ist, um ihren persönlichen Antipathien freien Lauf zu lassen. Somit unterschreiben wir den Vertrag und können uns um die Umzugsplanung kümmern.

Mit Ende zwanzig ist die Organisation eines Umzugs wesentlich herausfordernder als noch direkt nach dem Abitur. Zum Zivildienst nach Freiburg konnte ich mein Hab und Gut noch in einen großen Koffer packen und fuhr mit meinem VW Polo gen Schwarzwald. Wenn man aber mehrere Jahre zu zweit gelebt hat, sammelt sich so viel Hausrat – beziehungsweise Unrat – an, dass man 134-mal mit dem Polo durch Berlin fahren müsste, um alle Habseligkeiten in die neue Wohnung zu bringen.

Das Vorhaben wird zusätzlich dadurch erschwert, dass ich den Polo verkauft habe. Die Freundin und ich, die wir beide das Autofahren in ländlichen Gegenden erlernt haben, fahren in der Großstadt nur sehr ungern, weil es uns zu hektisch und stressig ist. Zu viele Autos, Taxis, Kleintransporter, Busse und Fahrradfahrer, die alle auf ihrer Vorfahrt beharren. Unsere Fahrleistung in sieben Jahren Berlin dürfte bei ungefähr 20 Kilometern liegen. Gemeinsam.

Die Vorstellung, einen Umzugswagen durch die Großstadt zu navigieren, ist für uns – und alle anderen Verkehrsteilnehmer – geradezu albtraumhaft. Glücklicherweise haben wir einen guten Studienfreund, der früher für einen Getränkegroßmarkt mit einem LKW Alkoholika durch seine niedersächsische Heimat kutschierte. Er erklärt sich sofort bereit, als Umzugschauffeur zu fungieren. Aufgrund seiner Bemerkung, er wisse gar nicht, ob er den Bierlaster jemals nüchtern gesteuert hat, schließe ich beim Autoverleih eine Vollkaskoversicherung ohne Selbstbeteiligung ab.

Mit zunehmendem Alter wird es auch immer schwieriger, im privaten Umfeld Umzugshelfer zu rekrutieren. Wie konnte ich auch ahnen, dass in unserem Freundeskreis die Zahl der akuten Bandscheibenvorfälle, nicht verheilten Leistenbrüche sowie irreparablen Meniskusschäden überdurchschnittlich hoch ist.

Andere Bekannte geben schamlos vor, uns leider, leider, leider nicht unterstützen zu können, da sie in den Urlaub führen. Überlege, ob mich die dreifache Verwendung des Wortes ›leider‹ oder der Umstand, dass ich ihnen noch gar nicht das Umzugsdatum mitgeteilt habe, misstrauischer machen soll. Wieder andere Freunde haben einen so schlechten Telefonempfang, dass sie mein Anliegen auch nach mehrfacher Wiederholung akustisch nicht verstehen und danach tagelang nicht zu erreichen sind.

Mit viel Müh und Not bekommen wir schließlich neben unserem Fahrer noch drei weitere Umzugshelfer zusammen: ein Studienfreund, der mir noch Geld schuldet, ein Arbeitskollege der Freundin, der nicht schnell genug eine Ausrede parat hatte, sowie ein alter Schulkamerad, den ich zu einem Berlinbesuch einlade, ohne ihn in Kenntnis zu setzen, dass just an diesem Wochenende unser Umzug stattfindet.

Da unser Vertrauen in unsere zwangsverpflichtete Schleppertruppe nicht sonderlich hoch ist, bestellen wir bei der studentischen Jobvermittlung zwei weitere Helfer. Der eine entpuppt sich als Gaststudent aus dem Senegal, der erst vor drei Wochen nach Deutschland gekommen ist und ausschließlich Französisch und Wolof, einen weitverbreiteten heimischen Dialekt, spricht. Der andere Student befindet sich im 16. Semester seines Philosophiestudiums und ist von sehr schmächtiger Statur. Das Schwerste, was er jemals getragen hat, ist wahrscheinlich Kants »Kritik der reinen Vernunft«. In der Taschenbuchausgabe.

Mit unserem kuriosen Umzugsteam benötigen wir vierzehn Stunden und vier Fahrten mit dem Umzugswagen, bis alles in die neue Wohnung gebracht ist. Mit Fortschreiten des Tages wird die Atmosphäre zunehmend frostig und gereizt. Unterdrücke einen Tobsuchtsanfall, als der angehende Philosoph zu später Stunde theorisiert, wie der Kleiderschrank am besten zu tragen ist, und dabei auf Archimedes verweist. (»Gebt mir einen festen Punkt, und ich hebe die Welt aus den Angeln.«)

Endgültig am Tiefpunkt ist die Stimmung angekommen, als wir zum Abschluss des Tages den Kühlschrank, das schwere Schlafsofa und die Waschmaschine in die neue Wohnung im vierten Stock geschleppt haben. Wenigstens kann der senegalesische Austauschstudent nun fließend auf Deutsch sagen: »Verdammte Scheiße, ist das schwer!«

Für unsere privaten Helfer haben wir am Ende des anstrengenden Tages allenfalls noch den Status entfernter Bekannter. Auf meine Frage, ob jemand Lust hat, morgen mit uns die alte Wohnung zu streichen, erhalte ich keine Antwort mehr.

Liege abends erschöpft auf einer Luftmatratze neben der Freundin. Diese versprüht auf unerträgliche Weise Energie, was damit zusammenhängen könnte, dass sie ihre Mitwirkung heute mit Verweis auf ihre Schwangerschaft in erster Linie auf das Delegieren sowie das Erteilen von Anweisungen, wo Möbel aufzustellen und Kisten abzuladen sind, beschränkte. Sie ist der Meinung, heute habe alles ganz famos geklappt und da könnten wir nächstes Wochenende schon die Einrichtung für das Kinderzimmer besorgen. Finde, dieser enervierende Tatendrang nach einem 14-Stunden-Umzug stellt auch bei einer schwangeren Freundin einen legitimen Trennungsgrund dar. Dann muss ich wenigstens nicht beim Aufbauen der Kindermöbel helfen.

Kapitel 4

Für das Baby nur das Beste

»Heute ist ein guter Tag zum Baby-Shopping«, verkündet die Freundin enthusiastisch. Es ist Samstagmorgen, und wir sitzen am Frühstückstisch. Nehme gerade einen großen Schluck Kaffee, um mich in einen Zustand zu versetzen, in dem ich in der Lage bin, durch die sinnhafte Aneinanderreihung von Wörtern eine Unterhaltung zu führen. Da das Koffein noch nicht seine gewünschte Wirkung entfaltet hat, fehlt es mir an der geistigen Frische, um zu verstehen, was die Freundin überhaupt will. Baby-Shopping? Warum will sie ein Baby kaufen? Dann hätten wir uns das mit der Schwangerschaft auch sparen können.

Grunze erst mal ein unartikuliertes »Hä?«, was elaborativ zugegebenermaßen noch ausbaufähig ist. Ganz langsam und überdeutlich, als spräche sie mit einem geistig Minderbemittelten, erklärt die Freundin: »Heute ist ein guter Tag, um Sachen für das Baby zu kaufen.«

Dieser so absolut vorgetragenen Aussage möchte ich nicht einfach uneingeschränkt zustimmen. Persönlich pflege ich ein eher distanziertes Verhältnis zum Einkaufen. Schließlich muss man dazu das Haus verlassen, man setzt sich dem manipulativen Redeschwall aufdringlichen Verkaufspersonals aus, und man gibt Geld aus, das man meist gar nicht besitzt.

Bei der Anschaffung der Babyerstausstattung ist besondere Vorsicht geboten. Schließlich soll es uns nicht so gehen wie meinem alten Klassenkameraden Udo. Der war ein erfolgreicher Manager mit aussichtsreicher Karriereperspektive bei einem internationalen Telekommunikationsunternehmen. Nach dem Kauf von Bettchen, Wickelkommode, Kinderwagen, Schnullern, Stramplern, Bodys, Stofftieren und diversen anderen angeblich unverzichtbaren Baby-Accessoires für seine Erstgeborene musste er Privatsolvenz anmelden. Und das ist kein Einzelfall. Habe erst kürzlich einen Artikel über die perfiden Marketingkampagnen der mafiösen Babyartikel-Industrie gelesen. Zukünftige Eltern, die ob der nahenden Ankunft ihrer Lendenfrucht bis zum Haaransatz mit glücksspendenden Endorphinen vollgepumpt sind und deren rationales Urteilsvermögen stark eingetrübt ist, bekommen ihr Geld schneller aus der Tasche gezogen als leichtgläubige Touristen von kriminellen Hütchenspielern am Kudamm.

Schlage der Freundin vor, es sei finanziell sinnvoll, wenn wir ihre Kusine, die bereits ältere Kinder hat, nach ein paar abgelegten Klamotten und ausrangierten Möbeln fragten. Sie ist dagegen, denn sie mag weder die Kusine noch deren verzogene Gören. Werfe ein, Secondhand liege voll im Trend und sei außerdem nicht nur ökonomisch sinnvoll, sondern auch ökologisch vorteilhaft, da es Ressourcen schone. Die Freundin erklärt, das sei ja schön und gut – ihre exakten Worte sind: »Jaja, blabla!« –, dafür habe Firsthand eine wichtige volkswirtschaftliche Funktion und käme unserem Nachwuchs zugute. Schaue sie fragend an. Sie deklamiert, Konsum sichere Arbeitsplätze, Arbeitsplätze führten zu Steuereinnahmen, und Steuereinnahmen finanzierten Schulen. Ergo sei es geradezu unerlässlich, dass wir heute einkaufen gingen, damit unser Kind später eine anständige Schulbildung genießen könne.

Finde die Erklärung der Freundin zwar ein wenig monokausal, aber ich möchte natürlich auch, dass unser Nachwuchs einmal eine gute Schule besucht. Ringe der Freundin aber das Versprechen ab, dass wir uns auf die elementar notwendige Grundausstattung beschränken und keine unnötigen Spontankäufe tätigen. Fertige sogar extra eine Liste mit Gegenständen an, die wir ausschließlich kaufen dürften. Die Freundin tätschelt mir beruhigend die Wange. Bin nun höchst beunruhigt.

Ein paar Stunden später stehen wir vor einem riesigen Baby-Kaufhaus, das von A wie Autositze bis Z wie Zahnputzlernset alles im Sortiment führt, was Eltern mit Kleinkindern benötigen. Oder was die Werbung ihnen suggeriert, was sie benötigen. Schärfe der Freundin noch einmal ein, dass wir ausschließlich Sachen von unserer Liste besorgen. Sie nickt, wirkt aber etwas abwesend, da sie mit großem Interesse das Schaufenster studiert, in dem die aktuelle Babykollektion eines ebenso angesagten wie hochpreisigen französischen Modelabels ausgestellt ist.

Am Eingang des Konsumtempels begrüßt uns eine verdächtig freundliche Frau. Sie händigt uns einen Einkaufswagen aus, der so voluminös ist, dass man darin problemlos ein komplettes Kinderzimmer aufbauen könnte.

Steuere als Erstes die Kinderbettchenabteilung an, wobei ich versuche, die Freundin von sämtlichen verlockenden Werbereizen für unsinnige Produkte wie Nasensekret-Sauger, parfümierte Windeleimer und Badewannensitze abzuschirmen. Kaum schauen wir uns die erste Babykoje an, fragt uns eine beflissene Verkäuferin, wie sie uns behilflich sein könne. Indem sie uns ein Bettchen der günstigsten Preiskategorie zeige, antworte ich.

Der Frau weicht sämtliches Blut aus dem Gesicht, und sie ist einer Ohnmacht nahe. Mit zittriger Stimme erklärt sie, die billigen Stücke seien meist mit Pentachlorphenol-haltigen Holzschutzmitteln behandelt, deren Langzeitwirkung auf die Gesundheit von Kindern unbekannt sei. Der Gesichtsausdruck der Freundin signalisiert mir, dass es für sie vollkommen ausgeschlossen ist, ihr Baby in ein Bett zu legen, das mehr umweltschädliche Substanzen absondert als eine havarierte Düngemittelfabrik.

Komme nach einer kurzen Überschlagsrechnung zu dem Schluss, dass das Geld, das wir durch den Kauf eines billigen Bettes sparen, bei Weitem nicht ausreicht, um später die Nachhilfe und sonderpädagogische Förderung für unser durch die chemischen Ausdünstungen retardiertes Kind zu bezahlen. Somit entscheiden wir uns für ein Bett, das aus nachhaltig angebautem und ökologisch unbedenklichem Holz besteht, das von fröhlichen, fair bezahlten guatemaltekischen Schreinern nach den neuesten Erkenntnissen der modernen Schlafforschung gebaut wurde.

Erkundige mich, ob wir angesichts des stolzen Preises Mehrheitseigner der Herstellerfirma würden. Die Freundin rollt mit den Augen, und die Verkäuferin übergeht einfach meine Frage. Stattdessen weist sie uns darauf hin, wir müssten noch eine passende Matratze auswählen. Sie legt uns ein antiallergisches, atmungsaktives Modell aus gezwirnter Diolenwatte ans Herz. Ich weiß zwar nicht, was gezwirnte Diolenwatte ist, erhoffe mir aber, dass der damit laut Herstellerangaben verbundene besonders hohe Schlafkomfort auch den Eltern zugutekommt. Möglicherweise hat diese gezwirnte Diolenwatte einen schalldämpfenden Effekt und absorbiert lautes Babygeschrei. Somit wäre es extrem kurzsichtig, an dieser Stelle ein paar lumpige Euros sparen zu wollen.

Hieve den Bettchenbausatz und die erstaunlich schwere Matratze in den Einkaufswagen. Die Freundin legt noch fünf Spannbettlaken, drei Babyschlafsäcke und zwei Schaffelle dazu. Überprüfe hektisch, ob diese Artikel überhaupt auf unserer Grundausstattungsliste stehen. Stehen sie nicht.

Möchte gerade intervenieren, als die Verkäuferin wissen will, ob wir uns schon Gedanken über ein Mobile für über dem Bett gemacht hätten. Wir verneinen die Frage beschämt. Daraufhin erhalten wir ein kenntnisreiches Kurzreferat über die essenzielle Bedeutung audiovisueller Reize für die intellektuelle, motorische und psychische Entwicklung von Säuglingen.

Begutachte eines der ausgestellten Mobiles. Eine Kuh, ein Esel, ein Schaf, ein Pferd und ein Huhn tanzen zu einer blechernen Version von »Old McDonald had a farm« im Kreis. Merke kritisch an, auf so einen Firlefanz könnten wir wohl verzichten. Diese fiependen Bauernhoftiere förderten weniger die frühkindliche Gehirnentwicklung, sondern ebneten vielmehr den Weg direkt ins Unterschichtenfernsehen zum DSDS-Casting inklusive öffentlicher Bloßstellung. Ernte einen fassungslosen Blick der Verkäuferin, als hätte ich soeben verkündet, unser Kind im Rahmen eines sozialpsychologischen Experiments ohne jeglichen sozialen Kontakt in einer dunklen Kammer aufwachsen lassen zu wollen.

Um meinen eher unvorteilhaften Eindruck bei der Verkäuferin zu zerstreuen, verfrachte ich schnell eines der Mobiles in unseren Einkaufswagen.

In der Abteilung für Kinderwagen will uns ein verschlagener Verkäufer augenblicklich in ein Gespräch verwickeln. Ich bitte ihn, den günstigsten Kinderwagen, den sie im Angebot haben, vorzuführen. Missmutig verschwindet er im Lager und kommt einige Minuten später mit einem instabilen, wackeligen Gefährt zurück, das in grellen Komplementärfarben gestaltet ist, die selbst ein Farbenblinder mit sehr viel Wohlwollen nicht mehr als optisch ansprechend bezeichnen würde.

Eilfertig macht uns der Verkäufer auf die fragile Konstruktion des Fahrgestells und das damit verbundene, nicht zu unterschätzende Amputationsrisiko für kleine Babyfingerchen aufmerksam. Dabei legt er sein Gesicht in Sorgenfalten wie Heiner Geißler, wenn er in einer Talkshow über die Tugendlosigkeit der heutigen Gesellschaft fabuliert. Aufgrund dieser Sicherheitsmängel hätten sie den Wagen eigentlich aus dem Sortiment genommen, aber wenn wir unbedingt ein paar Euro sparen wollten, würde er ihn uns verkaufen.

Dies ist selbstverständlich keine Option. Sparsamkeit ist das eine, aber deswegen will ich unseren ungeborenen Nachwuchs nicht schon in jungen Jahren der Möglichkeit einer internationalen Pianisten-Karriere berauben. Verlange, eine sicherere Alternative zu sehen. Der Verkäufer strahlt nun wie Rainer Calmund beim Anblick eines All-you-can-eat-Buffets. Mit einem Stoßseufzer der Erleichterung bringt er ein Modell, welches in Design, Ausstattung und vor allem Preis an einen italienischen Sportwagen erinnert.

Rechne im Kopf den Kaufpreis gegen die zu erwartenden Einnahmen eines Open-Air-Klavierkonzerts in der ausverkauften Berliner Waldbühne. Die Investition scheint mir mehr als gerechtfertigt zu sein.

Lege noch eine Wickeltasche vom gleichen Hersteller, die sich mittels praktischer Clip-Verschlüsse direkt am Kinderwagen befestigen lässt und deren ergonomische Fächeraufteilung von US-amerikanischen Wissenschaftlern im Windkanal getestet wurde, in unseren Einkaufswagen. Die

Freundin weist mich darauf hin, dass dies wohl die Definition der »elementaren Grundausstattung« aufs Äußerste strapaziere.

Ich bin kein großer Fan von Konrad Adenauer, aber dennoch schätze ich seinen Spruch: »Was interessiert mich mein Geschwätz von gestern.« Mein Geschwätz liegt zwar erst einige Stunden zurück, aber es interessiert mich trotzdem nicht mehr. Erkläre der Freundin stattdessen, dass Gwyneth Paltrow die gleiche Wickeltasche besäße, und damit sollte sie ja wohl auch unseren Ansprüchen genügen. Möglicherweise sollte ich beim Friseur weniger Frauenzeitschriften lesen. Drapiere noch demonstrativ einen praktischen Babytragegurt sowie eine Wärme spendende Heizlampe für die Wickelkommode auf unseren mobilen Warenberg.

Indessen inspiziert die Freundin in der Ecke mit den Still-Accessoires einen speziellen BH, dessen Körbchen sich praktischerweise vorne öffnen lassen, um das Baby schnell und effizient zu füttern. Rege an, lieber einen preisgünstigeren und ähnlich funktionalen busenfreien BH bei Beate Uhse zu erwerben, der nach der Stillzeit wenigstens eine Anschlussverwendung ermögliche. Scheine die Freundin mit meinem Vorschlag nicht restlos zu überzeugen, denn sie lehnt ihn kommentarlos ab. Danach schaut sich die Freundin verschiedene Pumpen zum Absaugen von Muttermilch an. Dabei lerne ich, dass es schwangere Frauen nicht lustig finden, wenn diese Geräte als Mutti-Melkmaschine tituliert werden. Ohnehin scheint mir der Humor trächtiger Frauen ausbaufähig zu sein. (Die Bezeichnung »trächtig« finden sie übrigens auch nicht lustig.)

Die Freundin doziert derweil, die Anschaffung einer Milchpumpe sei im Prinzip ein feministischer Akt zum Aufbrechen tradierter Geschlechterrollen, denn dadurch würde einerseits die Mutter von der Bürde der permanenten Verfügbarkeit zum Stillen befreit, und andererseits erhielte der Vater die Möglichkeit, durch das Fläschchengeben soziale Nähe zum Nachwuchs aufzubauen. Da ich nicht als anti-feministisch und reaktionär gelten möchte, stopfe ich die Pumpe nebst einigen Spezialfläschchen und Saugern, einer Fläschchenbürste, Einfrierbeuteln im 100er-Pack und Fläschchenwärmer in unseren Wagen.

Außenstehende Beobachter würden uns mittlerweile womöglich einen Kontrollverlust attestieren. Die Grundausstattungsliste habe ich mittlerweile verloren. Oder im Konsumrausch zerrissen. Auf dem Weg zum Ausgang wandern diverse Strampler, Bodys und Schlafanzüge, mit denen eine ganze Babystation eingekleidet werden könnte, ein Dutzend zahn- und kieferschonender Schnuller aus Biokautschuk sowie einige Kirschkernkissen, die den Schmerz blähender Bäuchlein lindern sollen, in unseren Draht-LKW.

Habe allmählich Schwierigkeiten, den zum Bersten gefüllten Wagen zu schieben oder gar zu lenken. Fahre frontal in ein Regal mit Fieberthermometern. Glücklicherweise entdecke ich ein unversehrtes Exemplar und klemme es zwischen zwei Stillkissen und einem Windeleimer fest, die irgendjemand in den Einkaufswagen gepackt haben muss.

An der Kasse addiert eine Verkäuferin unsere Einkäufe zusammen. Sie weint vor Freude. Die Freundin und ich haben ebenfalls Tränen in den Augen, als sie die von uns zu entrichtende Gesamtsumme präsentiert. Sie bewegt sich auf dem Niveau des Berliner Haushaltsdefizits.

Vielleicht sollte neben der weithin bekannten Altersarmut auch mal das Phänomen der Werdende-Eltern-Armut stärker ins öffentliche Bewusstsein gerückt werden. Mein Schulfreund Udo ist da sicherlich meiner Meinung.

Kapitel 5
Die Qual der Namenswahl

»Das Kind muss einen Namen haben!«, deklamiere ich pathetisch wie seinerzeit Martin Luther King, als er den Massen von seinem Traum verkündete. Sitze gemeinsam mit der Freundin beim Abendbrot, und um die Bedeutung meiner Aussage zu unterstreichen, recke ich mein Leberwurst-verschmiertes Messer in die Höhe. Eine Geste, die zugegebenermaßen in meiner Vorstellung mehr Wirkung entfaltete als bei der praktischen Umsetzung. Und sie verschleiert auch kaum die tautologische Schlichtheit der von mir ausgesprochenen Sentenz. In Deutschland ist es nämlich gesetzlich vorgeschrieben, dass ein Mensch nicht namenlos sein darf.

So eine Namenswahl ist eine äußerst verantwortungsvolle Aufgabe. Schließlich behält ihn das Kind sein ganzes Leben. Erkläre der Freundin, sie sei mittlerweile schon im fünften Monat schwanger, und da sollten wir die Namenssuche mit Hochdruck angehen. Sonst würden wir irgendwann von der Geburt überrascht, uns fiele dann auf die Schnelle nichts ein, und das Neugeborene hieße plötzlich Kunigunde oder Giselher. Da möchte man später nicht in der Haut des Kindes stecken, wenn es sich in der Tanzschule vorstellen muss. Und die astronomisch hohen Rechnungen zur therapeutischen Behandlung des durch den Namen ausgelösten Traumas möchte man auch nicht bezahlen.

Die Freundin ist sofort Feuer und Flamme. Sie habe auch schon einen ganz tollen Mädchennamen. Danach macht sie eine effekthaschende Kunstpause. Tue ihr den Gefallen und fordere sie auf, damit herauszurücken und mich nicht länger auf die Folter zu spannen. »Elisabeth!«, verkündet sie stolz. Nun mache ich eine Kunstpause. In erster Linie, um herauszufinden, ob die Freundin möglicherweise – und hoffentlich – einen Witz gemacht hat. Hat sie aber nicht. Sie bleibt todernst.

Um Zeit zu gewinnen, nehme ich einen großen Bissen von meiner Leberwurststulle. Nachdem ich diesen 98-mal gekaut habe, wird die Freundin allmählich unruhig. Sie erwartet irgendeine Reaktion von mir. Schüttele zögerlich und dann immer bestimmter den Kopf. Elisabeth sei ein Name für 80-jährige Frauen, aber nicht für kleine Säuglinge, die einen mit kindchenschematisch großen Augen, süßen Stupsnäschen und weichen Pausbäckchen verzaubern, sage ich. Solange sie nicht vorhabe, eine betagte Greisin zu gebären, komme Elisabeth nicht infrage.

Die Freundin akzeptiert widerwillig meinen Einwand und schlägt vor, wenn wir einen Jungen bekämen, könnten wir ihn Paul nennen. Drücke erneut durch Kopfschütteln meine Ablehnung aus. Der Name berge ein zu großes verballhornendes Reimpotenzial. Die Freundin schaut mich fragend an. »›Paul ist faul‹. ›Der Gaul heißt Paul‹. ›Wem hauen wir aufs Maul? – Paul!‹«, verdeutliche ich meinen Standpunkt anschaulich. Die Freundin sieht ein, dass der Name ausscheidet, um das arme Kind nicht zur Zielscheibe verbalen Spotts zu machen. Es dauert dann auch nicht lange, sie davon zu überzeugen, dass aus dem gleichen Grund der Name Uschi keine Option sei.

Erkläre, ich sei ohnehin skeptisch, was diese traditionellen Namen angeht, die gerade wieder en vogue sind. Marie, Friedrich, Hanna, Georg. Das klänge alles nach wohlstandsverzogenen, laktoseintoleranten Gören aus dem Prenzlauer Berg, die von ihren von sozialen Abstiegsängsten gepeinigten Eltern zum Frühchinesisch, kreativen Malen und Kinderyoga geschleppt werden, um sie für den globalisierten Arbeitsmarkt fit zu machen.

Leicht genervt fordert mich die Freundin auf, dann solle ich halt mal einen konstruktiven Vorschlag machen, anstatt immer nur rumzumosern. Überlege eine Weile. »Wie wäre es mit Mehmet?«, frage ich. Ihrem entgeisterten Blick entnehme ich, dass sie denkt, ich habe den Verstand verloren. Erkläre, dass ich einen türkischen Klassenkameraden namens Mehmet hatte. »Das war ein supercooler Typ. Der musste sich schon mit zwölf rasieren. Und mit seinem anatolischen Temperament und seiner rohen, animalischen sexuellen Ausstrahlung hat er alle Mädels rumgekriegt«, gerate ich ins Schwärmen.

Die Freundin ist wenig begeistert von meinem Vorschlag. Es sei rassistisch, von der Herkunft eines Mannes auf seine sexuelle Wirkung zu schließen, muss ich mich von ihr belehren lassen. Und antifeministisch sei es auch. Bin mir ziemlich sicher, dass Mehmet es nicht rassistisch fand, dass alle Mädchen auf ihn standen. Und für die war ein bisschen Antifeminismus sicherlich okay, solange sie mit dem heißesten Typen der Schule knutschen konnten.

Die Freundin schlägt vor, wir sollten uns bei der Namenswahl nicht von kruden Männerfantasien treiben lassen, sondern sollten das Kind, wenn es ein Mädchen wird, Judith nennen. Aber englisch ausgesprochen, so wie Judith Butler. Das sei eine poststrukturalistische Feministin, die sehr überzeugend argumentiere, dass Geschlecht keine biologische Kategorie, sondern sozial konstruiert sei. Indem wir unsere Tochter Judith – englisch ausgesprochen – nennen würden, könnten wir zeigen, dass wir progressive Eltern sind, denen an einer Gleichberechtigung der Geschlechter gelegen ist. »Quatsch!«, werfe ich ein. »Wenn's ein Junge wird, nennen wir ihn Judith. Das wäre mal richtig progressiv.«

Im weiteren Verlauf des Abends bleibt die Namensfindung eine zähe Angelegenheit. Stelle fest, dass sehr viele Namen tabu sind, weil wir sie mit unbeliebten und wenig sympathischen Menschen verbinden. So entsteht ein recht umfangreicher Katalog unerwünschter Namen: Johanna (nervige Kusine zweiten Grades), Bernhard (schleimiger Klassenkamerad von früher), Valerie (intrigante Kollegin), Dorothea (übereifrige Kommilitonin), Norbert (cholerischer Ex-Chef), Torben (doofer Handballkollege aus der B-Jugend). Nach einigen Stunden hat die Liste Tapetenrollenausmaße angenommen. Wir vertagen das Projekt »Kindsnamen«.

Verbringe den größten Teil des nächsten Arbeitstages im Büro mit einer akribischen Recherche zur Namensgebung. Finde heraus, dass die deutsche Rechtsprechung zunehmend exotische Namen zulässt. Das ist einerseits erfreulich, erweitert es das zur Verfügung stehende Namensspektrum doch erheblich. Andererseits stellt sich aber die Frage, wie groß das intellektuelle Vakuum bei Menschen ist, die ihre Kinder mit Namen wie Cinderella oder Pumuckl strafen. Insbesondere bei Nachnamen wie Rockhausen-Fleischmann oder Schulze-Rinksdorf ergibt dies befremdliche Kombinationen. Damit sind demütigende Erfahrungen auf Schulhöfen und Sportplätzen vorprogrammiert und die Kinder von Geburt an jeglicher Chancen auf soziale Teilhabe beraubt. Da könnten sie das Kind auch gleich »du Opfer« nennen.

Beschäftige mich anschließend mit historischen Abhandlungen über die beliebtesten deutschen Vornamen seit dem 14. Jahrhundert. Ob ich die Freundin für Jeronimus oder Apolonia begeistern kann? Wahrscheinlich nicht.

Kurz vor Feierabend gehe ich beim Chef vorbei und erkläre ihm, dass ich die Präsentation für ihn leider noch nicht fertigstellen konnte, da sie doch wesentlich komplexer sei, als gedacht. Verwickle ihn dann in ein Gespräch über seine Familie, um herauszufinden, wie seine Kinder heißen. Rekkehart, Reglinde, Radulf und Reinhilde. Warum hasst mein Chef seine Kinder derart, dass er sie mit solchen Namen erniedrigt? Verabschiede mich schnell und verlasse das Büro.

Lasse die Freundin abends auf der Couch an meinem neu erworbenen onomastischen Wissen teilhaben. Die Namenswahl von Eltern der unteren sozialen Schichten sei häufig durch eskapistische Tendenzen gekennzeichnet, doziere ich. In der trügerischen Hoffnung, der sozio-ökonomischen Tristesse Schwedts, Bottrops oder Wanne-Eickels zumindest gedanklich zu entfliehen, brandmarkten sie ihre bedauernswerten Kinder mit englischen Vornamen. Tragischerweise seien diese Kinder dann nicht nur mit geschmacklosen Namen gestraft, sondern trügen diese auch noch als Prekariats-Label vor sich her. Aktuelle Studien zeigten nämlich, dass Lehrer wenig anglophil seien und Kinder mit angelsächsischen Vornamen systematisch schlechter bewerteten. Somit seien die schulischen Perspektiven der Justins und Mandys von Anfang noch weniger erfolgversprechend als die Aussichten der englischen Nationalmannschaft, Fußballweltmeister zu werden.

Die Freundin zeigt großes Interesse an meinem kenntnisreichen Kurzreferat. Um sich voll und ganz auf meine elaborierten Ausführungen zu konzentrieren, lehnt sie sich auf dem Sofa zurück, schließt die Augen und atmet ganz tief und gleichmäßig. Angeregt durch ihre konzentrierte Zuhörerschaft, fahre ich fort. Es sei ebenfalls problematisch, sich bei der Namenswahl an beliebten Filmfiguren zu orientieren. Beispielsweise gäbe es seit Mitte der 90er Jahre, nachdem die unsägliche Filmkomödie »Kevin allein zu Haus« die Kinosäle und -kassen gefüllt hatte, Schulklassen in sozialen

Brennpunkten, bei denen jeder zweite Junge auf den titelgebenden Namen hört. Ironischerweise teilten nicht wenige der unglücklichen deutschen Kevins später mit dem damaligen Hauptdarsteller Macauly Culkin das gleiche traurige Schicksal der Drogen- und Alkoholsucht – allerdings mit wesentlich weniger Geld und hässlicheren Freunden.

Durch meine namensphilosophischen Reflexionen haben wir zwar weitere Namen identifiziert, die wir unserem Kind unter keinen Umständen zumuten werden, sind aber keinen Schritt weiter, wie wir es tatsächlich nennen wollen.

Treffe tags darauf in der Mittagspause zufällig meinen alten Schulfreund Ludwig. Der arbeitet seit ein paar Monaten als Konzertmeister an der Deutschen Oper und ist einer meiner wenigen schöngeistigen Bekannten. Berichte ihm daher nach dem Austausch einiger Höflichkeitsfloskeln von unserem Namensproblem. Ludwig regt an, wir sollten uns von der klassischen Musik inspirieren lassen, da gäbe es ganz fantastische Namen. Sie spielten zum Beispiel gerade »Orpheus und Eurydike«, das wären doch schon zwei prima Namen. Gut, Ludwig war schon zu unserer Abiturzeit der Welt etwas entrückt, aber anscheinend hat er in den letzten Jahren zu viel am Kolophonium geleckt und vollkommen den Bezug zur Realität verloren.

Sich bei der Namenswahl an der Welt der Oper zu bedienen mag sich unter Umständen später beim Klaviervorspiel in der Musikschule auszahlen, ist jedoch in anderen

Lebenslagen wenig praktikabel. Wer möchte schon gerne über den Spielplatz schreien: »Brünnhilde, hör auf, den Jungen zu schubsen!«? Und als Eltern will man auch nicht im Möbelhaus den Ausruf hören: »Der kleine Papageno möchte aus dem Kinderparadies abgeholt werden.« Bedanke mich scheinheilig bei Ludwig für seine stimulierenden Ideen und gehe zurück ins Büro.

Abends empfängt mich die Freundin freudestrahlend zu Hause. Mit ihrem Sinn fürs Pragmatische hat sie »Das große Buch der Vornamen« gekauft. Mit mehr als 10.000 Einträgen inklusive Angaben zur Herkunft und Bedeutung der Namen. Sie erzählt, sie habe aus dem Namenskompendium ihre Top 10 der Mädchen- und der Jungennamen rausgesucht, und ich solle das ebenfalls machen. Einen der doppelten Namen nähmen wir dann einfach.

Ein Vorgehen, das in der Theorie sehr überzeugend klingt, sich in der Praxis aber als tückisch erweist. Nachdem ich zwei Stunden später meine Liste fertiggestellt habe, müssen wir ernüchtert feststellen, dass es bei den insgesamt 40 Namen keine einzige Überschneidung gibt.

Als die Freundin in meiner Mädchenliste den Namen Serafina entdeckt, wirft sie mir vor, meine Auswahl sei gar nicht ernst gemeint und ich wolle sie wohl auf den Arm nehmen. Erwidere beleidigt, mir gefalle der Name, da ich ein Faible für Italien und insbesondere die italienische Küche hätte. Die Freundin erwidert, sie äße gerne Schokolade, deswegen wolle sie ihr Kind aber noch lange nicht Milka nennen. Max und Moritz, die ich auf meine Jungennamenliste gesetzt habe, lehnt die Freundin ebenfalls kategorisch ab. Schließlich wolle sie keine Wilhelm-Busch-Figuren großziehen.

Langsam geht mir ihre Anzweiflung meiner Namensauswahlkompetenz auf den Wecker. Nehme mir die Aufzeichnungen der Freundin vor, um sie einer kritischen Überprüfung zu unterziehen. Muss leider konzedieren, dass sie eine Auswahl recht wohlklingender Namen zusammengestellt hat. Allerdings möchte ich das in dieser Eindeutigkeit nicht laut zugeben, denn so etwas wird dann schnell bei irgendeiner unpassenden Gelegenheit gegen einen verwendet.

Rege stattdessen an, wir könnten dem Kind doch einfach unsere Vornamen geben. Das wäre effizient und hätte außerdem einen royalen Anklang. Christian II. oder Christian jr. Das klinge nach erfolgreicher amerikanischer Öl-Dynastie. Die Freundin findet, es klinge hauptsächlich danach, dass die Eltern ideenlose Einfaltspinsel sind oder einen veritablen Dachschaden haben.

Im Bett beschäftigt mich die Namensfindung weiter. Wir könnten uns ja an biblischen Personen orientieren. Vielleicht nicht gerade an umstrittenen Charakteren wie dem Brudermörder Kain, dem Verräter Judas oder dem immerzu schlechte Nachrichten verbreitenden Hiob. Aber in Südamerika ist es ja durchaus üblich, dass Jungen den Namen des Heilands tragen. Sollten wir einen Sohn bekommen, könnten wir in seinem ersten Zeugnis lesen:

»Der kleine Jesus legt ein weit überdurchschnittliches Sozialverhalten an den Tag und verteilt in der Pause immer seine Stullen und seinen Pausentee unter den Mitschülern – und zwar nicht nur seiner Klasse, sondern der ganzen Schule. Im Deutschunterricht besticht er durch eine sehr ausgeprägte Fantasie und unterhält die Klassengemeinschaft mit selbst ausgedachten Geschichten, die er Gleichnis nennt. Bedenklich ist allerdings sein Mangel an Respekt gegenüber Obrigkeiten und Vorschriften. So weigert sich der kleine Jesus beispielsweise beharrlich, das Schwimmen zu erlernen, sondern läuft stattdessen über das Wasser.«

Beschließe, morgen der Freundin vorzuschlagen, unseren Erstgeborenen Jesus zu nennen. Sie wird bestimmt begeistert sein.

Kapitel 6

Geburtsvorbereitung in der Eso-Hölle

»Da Ihnen nicht der Storch Ihre Babys bringt, übernehmen wir das.« Mit diesem semi-lustigen Spruch eröffnet
ein weißhaariger Professor seinen Vortrag über das Entbin-
den an der Berliner Charité. Die Freundin und ich sitzen in
einer Schicksalsgemeinschaft mit 200 anderen angehenden
Eltern in einem riesigen Hörsaal und sind dem habilitierten
Sprücheklopfer für die nächsten 90 Minuten ausgeliefert.

Die sonore Stimme des seniorigen Klinikchefs hat eine
sedierende Wirkung auf mich. Ich glaube, ich war seit dem
Besuch der Skalierungsvorlesungen im Psychologie-Grund-
studium nicht mehr so müde. Während ich also mit dem
Schlaf ringe, machen sich die anderen Zuhörerinnen und
Zuhörer eifrig Notizen. Wahrscheinlich wollen sie einen
guten Eindruck hinterlassen und erhoffen sich eine Chef-
arzt-Behandlung.

Der Ober-Gynäkologe verkündet nun stolz, sein Klini-
kum verfüge mit mehr als 4 000 Entbindungen pro Jahr über
Deutschlands größte Geburtsstation. Da kämen die Störche
gar nicht mehr hinterher, bemüht er erneut den ornithologi-
schen Volksmund und lacht schallend. Als Einziger. In meinem Kopf entsteht derweil die unschöne Vorstellung einer
Geburtsfabrik im Krankenhauskeller und von Frauen, die im
Stundentakt Babys aus ihren Scheiden drücken.

Nun lässt sich der greise Geburts-Guru über die An-wesenheit der Väter bei der Entbindung aus. Diese habe in den letzten zehn Jahren stetig zugenommen. Genauso wie die Zahl der Kopfverletzungen bei Männern zwischen 25 und 35, die im Kreißsaal umgekippt sind. Frage die Freundin, ob sie etwas dagegen hat, wenn ich bei der Geburt einen Helm trage. Hat sie nicht, da sie mich dann aus dem Zimmer werfen ließe.

Der Professor monologisiert währenddessen weiter. Bin kurz davor, in ein dornröschenhaftes Wachkoma zu verfallen. Da beendet der Silberschopf mit PowerPoint-Folie Nummer 135 seinen Vortrag und lädt zur Besichtigungstour ein.

Werde positiv von den Kreißsälen überrascht, denn die hatte ich mir gänzlich anders vorgestellt. Als weiß gekachel-ten und sterilen Raum. So eine Mischung aus Obduktions-saal und Schlachthof. Aber hier sind die Zimmer in warmen Farbtönen gestrichen und verfügen über allerlei nützliche Hilfsmittel und Gerätschaften, welche die Frau bei der be-schwerlichen Geburt unterstützen sollen, wenn sich der Schmerz partout nicht mehr wegatmen lässt. Es gibt große Badewannen, Gymnastikbälle, von der Decke hängende Seile und Stoffschaukeln. Dazu tauchen Wandlampen die Szenerie in ein schummriges Licht.

Erinnert alles ein wenig an einen Swinger-Club. Also, wie man sich so einen Swinger-Club vorstellt. Findet der Mann neben mir aber nicht, als ich ihm von dieser Assozia-tion erzähle. Ganz im Gegenteil. Er schaut mich entgeistert an und hält von da an gebührenden Abstand zu mir. Die

Freundin auch. Sie tut so, als kenne sie mich nicht und sei alleine gekommen.

Am Ende der Führung füllen wir ein Formular aus und bekunden unsere Absicht, dass unser Kind in einem der Swinger-Räume zur Welt kommen soll. Ich freue mich darauf. Vielleicht kann ich während der Entbindung ein wenig schaukeln.

Befasse mich in den nächsten Tagen theoretisch mit den Themen Schwangerschaft und Geburt. Dies liegt auch daran, weil mir der Zugang zu praktischem Wissen verwehrt ist. Die Freundin hat mir zu verstehen gegeben, dass meine Teilnahme an den restlichen Vorsorgeuntersuchungen nicht zwingend nötig sei. Möglicherweise habe ich bei den bisherigen Terminen beim Anblick des Ultraschalls einmal zu oft gesagt: »E.T. nach Hause telefonieren!«

Informiere mich daher auf einschlägigen Internetseiten. Lese dort nach, dass das Kind am Anfang des sechsten Monats mit einem Gewicht von gut 350 Gramm und einer Größe von ungefähr 25 Zentimetern die Ausmaße eines properen Eichhörnchens habe. Und so agil sei es auch. Da es noch genügend Platz im Bauch der Mutter habe, schlage es unablässig Purzelbäume.

Mir ist schleierhaft, von wem das Kind diesen sportiven Hyperaktionismus haben soll. Von mir jedenfalls nicht. Meine größte Leistung im Turnunterricht bestand früher darin, mich immer in der Ecke der Sporthalle herumzudrücken, in der sich der Lehrer gerade nicht aufhielt. Und meine damaligen Bodenturnfähigkeiten als Elefantenballett zu bezeichnen wäre für die Dickhäuter ehrabschneidend.

Erfahre auf einem anderen Portal, dass der Fötus bis zur Geburt sein Gewicht verzehnfacht. Dies kommt mir wiederum sehr bekannt vor. Durch erhöhten Käsekuchenkonsum bei gleichzeitig reduzierten Sportaktivitäten habe ich mir in den letzten Monaten das ein oder andere zusätzliche Kilo eingehandelt. Ich nenne es Solidarschwangerschaft zur mentalen Unterstützung der Freundin.

Weiterhin lese ich auf der Webseite, dass der Fötus bis zu 20 Stunden des Tages mit Schlafen verbringt. Die restliche Zeit turnt er ein wenig rum, trinkt ein paar Schlückchen Fruchtwasser und chillt. Ab und an pieselt er. Ein beneidenswert entschleunigter Lebensstil.

Als Nächstes befrage ich Google, was von mir als Mann im Kreißsaal erwartet wird. Auf einer Seite heißt es, während der Geburt seien Typen gefragt, die Nerven wie Drahtseile, den Mut des letzten Mohikaners und die Geduld eines Engels haben. Hat vermutlich ein Vater geschrieben, um von der biologisch vollkommen unnützen Rolle des Mannes beim Entbindungsvorgang abzulenken.

Auf einem einschlägigen Geburtsblog erläutert eine erfahrene Hebamme, dass Männer bei der Geburt nur dann eine Hilfe sind, wenn sie freiwillig mitkommen (ist bei mir der Fall), es keine schwere Krise in der Partnerschaft gibt (möchte ich in den letzten drei Monaten der Schwangerschaft nicht ausschließen) und sie Geduld und Ruhe mitbringen (gilt definitiv für mich, nicht aber für die Freundin). Finde es aber ein wenig diskriminierend, dass Frauen anscheinend keinerlei Voraussetzungen erfüllen müssen, um sich gewinnbringend in den Prozess der Geburt einzubringen.

Die Geburtshelferin führt weiter aus, der Mann könne sich nützlich machen, indem er Erfrischungen und kleine Snacks reicht, schmerzlindernde Massagen durchführt und sich durch liebevolle Zuneigung hervortut. Der ideale Partner im Kreißsaal ist also eine Mischung aus Butler, Physiotherapeut und Callboy.

In einem anderen Forum schildert eine Mutter, sie habe es als äußerst hilfreich empfunden, dass ihr Mann sie während der Entbindung angefeuert habe. Wie kann ich mir das wohl vorstellen? Gibt es eine Hebammen-Ultras-Vereinigung, bei der ich Choreographien und Fan-Gesänge erlernen kann? Zum Beispiel zwischen den Wehen: »Eine kommt noch, eine kommt noch nach!« Oder: »Steh auf, wenn du Wehen hast.« Und wenn das Kind dann draußen ist, singe ich: »You'll never sleep alone!«

Lande danach in einer spirituellen Geburtsgruppe. Hier fragen sich besorgte Fast-Eltern, ob ihre Babys Kristall-, Indigo- oder Regenbogenkinder werden. Andere erkundigen sich nach schamanischen Geburtsritualen, wieder andere wollen durch Shaktifeuer ihre Verbindung zur weiblichen Schöpfungskraft stärken.

Bisher dachte ich, dass die wöchentlichen Mitarbeitertreffen im Büro mit den skurrilen Motivationsansprachen unseres cholerischen Chefs das Bizarrste ist, was ich erleben darf. Aber anscheinend gibt es für alles eine Steigerung. Vielleicht sollte ich dem Chef mal ein Einhorn-Channeling vorschlagen, um seine Chakren ins Gleichgewicht zu bringen.

Ein paar unvorsichtige Klicks später bin ich in einem Chat gelandet, in dem sich Mütter in spe darüber austauschen, was sie mit der Plazenta nach der Geburt anstellen können. Die Vorschläge reichen vom Vergraben im Garten über die Verarbeitung zu Globuli-Pillen bis hin zum gemeinsamen Verspeisen in der Familie. Beschließe, dass ich mich damit genug über die Geburt informiert habe. Und dass ich die nächsten Tage lieber vegetarisch essen möchte.

Um uns noch ein wenig praktisch auf unser natales Erlebnis vorzubereiten, beschließen wir, einen Geburtsvorbereitungskurs zu besuchen. Ich werde auserkoren, mich mit dem Geburtshaus in unserem Kiez in Verbindung zu setzen. Dazu muss man dort nämlich anrufen, und die Freundin hasst es zu telefonieren. Ich hege zwar ebenfalls eine große Abneigung gegen fernmündliche Gespräche mit mir fremden Personen, aber die Freundin sagt, sie sei schließlich schwanger. Diese Kausalität untergräbt freilich die aristotelische Diskurslogik, wird von der Freundin in letzter Zeit bei unseren Diskussionen aber häufig universal eingesetzt, was ihr einen wettbewerbsverzerrenden Argumentationsvorteil bietet.

Ich buche also ein zweitägiges Wochenendseminar, und ein paar Tage später betreten wir das Geburtshaus. Mit dem Überqueren der Türschwelle rennen wir in eine olfaktorische Wand aus Patchouliduft, gemischt mit Vanillearomen und Knoblauchausdünstungen. Ringe um Atem, und meine Augen tränen wie bei einer Besteigung des Nanga Parbat ohne Sauerstoffflaschen.

Stelle beim Blick auf die anderen Kursteilnehmer mit Erstaunen fest, dass im linksalternativen Milieu das Tragen von Batikhemden und weiten gemusterten Stoffhosen anscheinend immer noch sozial akzeptiert ist. Eine modisch fragwürdige Kombination, der ich – wie ich beschämt zugeben muss – während meines Zivildienstes selbst nicht abgeneigt war. Zehn Jahre später lässt sie den Wunsch nach einer spontanen Erblindung aufkommen.

Eine in sich ruhende Frau mit asketischer Ausstrahlung und wallendem, hennagefärbtem Haar betritt den Raum, stellt sich als Hebamme Heike vor und fordert uns auf, uns im Kreis auf den Boden zu setzen. Mit blumigen Worten drückt sie ausschweifend ihre tiefempfundene Freude über das zahlreiche Kommen der werdenden Eltern aus. Mit Blick auf die anwesenden Teilnehmerinnen und Teilnehmer möchte ich mich dieser Meinung nicht bedingungslos anschließen.

Sogleich fordert Heike ihre »lieben Freundinnen und Freunde« auf, sie mögen in der Vorstellungsrunde erzählen, warum sie sich für den Kurs im Geburtshaus entschieden haben. Die Teilnahmemotivationen reichen von stark esoterisch geprägten Vorstellungen (»Die Entbindung in einer intimen Atmosphäre sollen die Energieflüsse unseres Kindes stimulieren«) bis zu einer geradezu feindseligen Ablehnung der traditionellen Schulmedizin (»Wir möchten nicht, dass unser Kind als Erstes einen Arzt in einem Krankenhaus sieht«). Bin mir sicher, dass ihre Entscheidung gegen eine Entbindung in einer konventionellen Geburtsklinik bei der dortigen Belegschaft auf große Zustimmung trifft.

Die Ausführungen der Kursteilnehmerinnen und Kursteilnehmer werden von Hebamme Heike mit wohlwollendem, bedächtigem Nicken begrüßt. Unsere Erklärung, wir hätten den Kurs ausgewählt, da das Geburtshaus in fußläufiger Entfernung zu unserer Wohnung liegt, wird mit skeptischem Stirnrunzeln aufgenommen.

Die erste Lerneinheit beinhaltet sehr detaillierte Ausführungen zu Lebensmitteln, von denen sich Schwangere fernhalten sollten. Zur Vermeidung einer Lebensmittelvergiftung solle beispielsweise auf französischen Weichkäse verzichtet werden. Wende scherzhaft ein, die Freundin würde ihn aber doch so gerne zu französischem Rotwein essen. Dies ruft bei den anderen zukünftigen Eltern fassungsloses Kopfschütteln und kaum unterdrückte Missfallensäußerungen hervor.

Hebamme Heike beginnt, um Fassung ringend, einen Monolog über die schädliche Wirkung von Alkohol auf die fetale Gehirnentwicklung und daraus resultierende spätere Lernschwierigkeiten. Gebe zu bedenken, dass ja nicht jedes

Kind Kernphysiker werden müsse. Das trägt weder zur Entspannung der leicht gereizten Atmosphäre noch zur Steigerung meiner kaum noch wahrnehmbaren Popularitätswerte bei.

Nachdem Heike mit einiger Mühe ihre innere Mitte wiedergefunden hat, klärt sie darüber auf, wie bei der Entbindung der Wehenschmerz durch den Beckenboden weggeatmet werden kann. Dies wird sogleich von den weiblichen und männlichen Kursteilnehmern in geradezu meditativer Ergriffenheit in einer praktischen Übung ausprobiert. Erlaube mir die Frage, ob das gleiche Resultat auch durch Flatulenzen erzielt werden könnte. Ernte hasserfüllte Blicke, als hätte ich vorgeschlagen, gemeinsam Robbenbabys abzuschlachten.

Stärken uns in einer kurzen Pause mit ayurvedischem Tee, Brennnesselsaft und trockenem Dinkelbrot mit gräulichem Tartex-Aufstrich. Anschließend weist uns die Kursleiterin in die Kunst der Partnermassage ein, die wir, im Kreis sitzend, an der Partnerin beziehungsweise dem Partner zur Rechten ausprobieren sollen. Stelle mit panischem Entsetzen fest, dass links von mir ein stark behaarter Kursteilnehmer sitzt, der einen atemberaubenden Schweißgeruch verströmt und sofort mit großer Begeisterung anfängt, meinen Rücken mit seinen kräftigen transpirierenden Händen durchzukneten. Dabei verfügt er über ein außerordentliches Talent, die Schmerzdruckpunkte meines Rückens auf eine Weise zu bearbeiten, dass eine zahnärztliche Wurzelbehandlung als wünschenswerte Alternative erscheint. Die Freundin wird gleichzeitig von einer spitzfingrigen Vogelscheuche malträtiert, und ihr gequälter Blick signalisiert, dass sie diesen Geburtskurs als eine verzichtbare pränatale Erfahrung einstuft.

Nach einigen weiteren Hechel-, Atmen- und Keucheinheiten führt Hebamme Heike in die Geheimnisse des Geburtsmantras ein. Die anderen Paare saugen ihre Ausführungen mit transzendenter Ergriffenheit auf. Durch das ständige Wiederholen bestimmter Wörter sollen innere Kräfte mobilisiert und der Geist beruhigt werden – ein Zustand, den ich seit Betreten des Geburtshauses nicht mehr erreicht habe.

Mit überschäumendem Enthusiasmus fordert Heike auf, es gleich zu versuchen, und zwar mit Sätzen wie »Meine Vagina ist riesengroß!«, »Mein Cervix öffnet sich wie eine Blume« oder »Es tut weh, aber es ist gut so!«. Kann mir wider besseres Wissen nicht die Äußerung verkneifen, dass der letzte Spruch ein hübscher Willkommensgruß in einem Dominastudio wäre. Mir schlägt der physisch greifbare Hass der anderen Anwesenden entgegen.

Bei der allgemeinen Verabschiedung am Ende des ersten Tages, die uns gegenüber etwas unterkühlt ausfällt, drückt uns Heike einige Broschüren in die Hand. Sie legt uns nahe, es sei wohl besser, wenn wir uns die Inhalte des zweiten Kurstages theoretisch aneigneten. Wir nehmen den Vorschlag gerne an. Verlasse dennoch das Geburtshaus mit dem guten Gefühl, für die Entbindung gewappnet zu sein. Diese kann auch nicht schlimmer sein als die heutige esoterische Vorhölle.

Kapitel 7
Der Sommer der Liebe

»Ja, ja, ja!«, erschallt es aus dem Hinterhof durch unser geöffnetes Schlafzimmerfenster. Schrecke im Bett hoch. Es ist ein Uhr morgens und drückend heiß. Wir haben Anfang August, ganz Deutschland leidet unter einem Jahrhundertsommer mit tropischen Bedingungen.

Die Freundin hat inzwischen den siebten Monat der Schwangerschaft erreicht und schläft aufgrund der schwülen Temperaturen nur noch sehr schlecht – und ich damit ebenfalls. Da sind nächtliche Ruhestörungen eher ungünstig. Aber wieder und immer wieder dringt es ekstatisch zu uns ins Schlafzimmer: »Ja, ja, ja!« Irgendwo im Haus drückt eine Frau entweder mit überschäumendem Enthusiasmus ihre Zustimmung für was auch immer aus, oder sie hat einen wahnsinnigen Orgasmus. Oder ein wahnsinniges schauspielerisches Talent. Seit »Harry & Sally« und der berühmten Restaurantszene sind Männer ja etwas unsicher, was ihre sexuellen Befriedigungsfähigkeiten angeht. Beglücken sie gerade tatsächlich ihre Sexualpartnerin, oder geht diese im Kopf gelangweilt die To-do-Liste für den morgigen Tag durch und stöhnt ein wenig rum in der Hoffnung, dass das ungelenke Rumgefummel des Mannes bald vorbei ist?

Wie dem auch sei, die euphorischen Schreie dauern mehr als fünfzehn Minuten an. Dann ertönt ein wohliges männliches Grunzen, und es herrscht Stille. Schaue die Freundin an, und wir kichern wie zwei pubertierende Teenager.

Kaum sind wir wieder eingeschlafen, reißt uns ein lautes »Jaaaa! Besorg's mir!« aus dem Schlaf. Die beiden starten eine zweite Runde Matratzensport, und das Bettgestell quietscht dazu. Begleitet wird das Liebesspiel vom Rhythmus aufeinanderklatschender verschwitzter Schenkel. Patsch, patsch, patsch. Ja, ja, ja. Quietsch, quietsch, quietsch. Zwanzig Minuten und einige multiple Orgasmen später grunzt es wieder, und es ist ruhig. Nicke anerkennend ob der erneuten sexuellen Höchstleistung.

Dämmere allmählich wieder ins Reich der Träume, als es inbrünstig über den Hof erschallt: »Du geiler Hengst!« Der dritte Akt des Schauspiels beginnt. Es wird gejaht, gestöhnt, gepatscht und gequietscht, bis sich die Balken biegen – und das ist wörtlich zu verstehen. Nach einer guten halben Stunde markiert das obligatorische Grunzen das Finale. Überlege kurz, am geöffneten Fenster Standing Ovations zu spenden, habe aber Angst, dass es dann eine Zugabe gibt.

Auch ohne Beifallsbekundungen meinerseits legt sich das wollüstige Pärchen noch mächtig ins Zeug. Es gibt noch zwei weitere Ja-, Patsch-, Stöhn-, Quietsch- und Grunzeinlagen in der Nacht. Um fünf Uhr in der Frühe herrscht endgültig Ruhe. Erschöpft, als wären wir selbst zugange gewesen, schlafen die Freundin und ich ein.

Die gesamte nächste Woche wiederholt sich die nächtliche pornöse Aufführung. Und zwar nicht unter viermal pro Nacht. Einmal kommt es sogar zu rekordverdächtigen sieben kopulativen Intermezzi. Langsam macht mir das Angst. Was, wenn diese »Nacht der sieben Mal« die neue Messlatte wird? Und was, wenn Peter Maffay seinen alten Klassiker neu auflegt: »Über sieben Venushügel musst du gehen«? Nicht auszudenken! Selbst in den ersten Wochen unserer Beziehung mangelte es der Freundin und mir an der Ausdauer für solch ausufernde Bettaktivitäten.

Inzwischen bin ich auch keine 20 mehr. Der gemeine 20-Jährige steht ja im Zenit seiner sexuellen Schaffenskraft und ist permanent spitz wie der sprichwörtliche nachbarschaftliche Lumpi, denkt unaufhörlich an Beischlaf und ist zu selbigem allzeit bereit – entweder mit einer Partnerin (oder einem Partner) oder notfalls auch solo. Als Mittzwanziger findet man dann, dass ein gemeinsamer kuscheliger Abend auf dem Sofa auch eine schöne Alternative ist. Und mit fast 30 und einer hochschwangeren Freundin liegt mein Sexualtrieb auf einer Skala von 0 bis »Man nennt mich Rudi, den Rammler« bei »Schatz, wie wär's mit ›Tatort‹ heute Abend?«.

Für das dauervögelnde Pärchen müsste die Skala dagegen erweitert werden. Inzwischen vergnügt es sich nicht nur nachts, sondern auch tagsüber. Wir putzen morgens die Zähne: »Ja, ja, ja!« Wir essen zu Mittag: Quietsch, quietsch, quietsch. Wir kommen vom Einkaufen zurück: Patsch, patsch,

patsch. Wir entsorgen Altglas im Hof: Stöhn, stöhn, stöhn. Es geht zu wie in einem Lars-von-Trier-Film. Nur nicht so gesittet. Während wir zunächst die Vögelei in Dauerschleife noch belustigt aufgenommen haben, fängt sie langsam an zu nerven. Die Non-Stopp-Pimperei bedroht allmählich das harmonische Miteinander der Mietergemeinschaft. Alle möchten zu gerne wissen, wer für die nächtlichen lautstarken Eiertänze und Spritztouren verantwortlich ist. In der nächsten Nacht kommt es zu ersten Unmutsäußerungen einiger Nachbarn. Sie brüllen in den Hof und fordern energisch das Schließen der Fenster. Dabei verwenden sie vulgäre Schimpfworte, die bestens zum Geschehen passen. Die beiden Sex-Marathonis scheinen aber nach dem Akt zu geschwächt für den Weg zum Fenster zu sein, um es zuzumachen. Und wenn sie zu Kräften kommen, sind sie so notgeil, dass sie sofort wieder übereinander herfallen müssen, bevor sie das Fenster schließen können. Es ist ein Teufelskreis. Oder ein gordischer Penis?

Gehe Samstagmorgen mit der Freundin zum Wocheneinkauf. Auf der Treppe rennen wir in die Dietrichs, ein älteres Ehepaar, das im zweiten Stock wohnt. Stirnrunzelnd schauen mich die beiden an. Womöglich hegen sie den Verdacht, ich sei der Stelzbock, der ohne Rücksicht auf Verluste Nacht für Nacht seine bemitleidenswerte hochschwangere Freundin besteigt.

Vielleicht sind aber die Dietrichs selbst die nächtlichen kopulierenden Ruhestörer. Herr Dietrich könnte als Methusalems älterer Bruder durchgehen, aber dank der Segnungen der Pharmaindustrie und ihrer chemischen Potenzbooster gehören altersbedingte erektile Dysfunktionen (vulgo greise Schlappschwänze) der Vergangenheit an. Frau Dietrich macht auch nicht gerade den Eindruck einer Sexgöttin. Sie ist ziemlich gebrechlich und bewegt sich nur mit Hilfe eines Rollators und in Zeitlupe fort. Aber vielleicht benutzt sie ihre Gehhilfe nachts für ein Senioren-Pole-Dancing und treibt ihren Viagra-gedopten greisen Gatten zu sexuellen Höchstleistungen an. Man weiß es nicht. Man möchte es aber auch gar nicht wissen. Ich zumindest nicht.

Abends um 23 Uhr nimmt der Love Train wieder seine Fahrt auf. Die Frau hat ihr Repertoire an ekstatischen Ausrufen erweitert und brüllt: »Tiefer, tiefer, tiefer!« Quasi das »Höher, schneller, weiter« der Olympischen Sex-Spiele. Ein »Dabeisein ist alles« ist wohl nicht erwünscht.

Am nächsten Morgen auf dem Rückweg vom Bäcker begegne ich Maria, der brünetten Studentin aus der WG im sechsten Stock. Mir kommt ein Gedanke: Eventuell ist es gar kein Pärchen, das jede Nacht bis zur Besinnungslosigkeit knattert, sondern die Studenten-WG feiert wilde Orgien im Alkohol- und Drogenrausch. Und zur Aufbesserung ihres BAFÖGs drehen sie Sex-Filmchen, die sie auf Youporn hochladen. Das müsste man mal recherchieren.

Gegen meine Theorie orgiastischer Studentenfeten spricht allerdings, dass die WG-Bewohnerinnen und -Bewohner äußerst höflich und die Grenze zur Spießigkeit überschreitend rücksichtsvoll sind. In den seltenen Fällen, wenn sie mal eine Party feiern, weisen sie sofort mit devoten Aushängen darauf hin. Kann mich aber nicht erinnern, in letzter Zeit eine Benachrichtigung gesehen zu haben, auf der stand: »Hallo zusammen! Wir feiern in den nächsten Wochen wilde Sex- und Drogenpartys. Falls wir zu laut sind, sagt uns einfach Bescheid. Oder am besten macht ihr gleich mit. Eure WG aus dem SEXten Stock.«

In der Nacht geht das Endlos-Bunga-Bunga fröhlich weiter. Ja, ja, ja, quietsch, quietsch, patsch, patsch, stöhn, stöhn, grunz! Fünfmal!

Treffe am darauffolgenden Tag beim Müllrunterbringen Juri, den Bodybuilder. Er wohnt im Hinterhaus und ist ein Hüne von fast zwei Metern, dessen gesamter Körper aus Muskeln besteht. Misstrauisch beäugen wir uns. Finde, er geht unnatürlich breitbeinig. Möglicherweise eine Folge ausschweifender nächtlicher Ausritte ins Feuchtgebiet? Oder hat er sexuellen Notstand, und seine mit Spermien prall gefüllten Hoden verursachen seine O-Beine? Es ist nicht auszuschließen. Der Schwarzenegger-Klon macht jedoch nicht den Eindruck, als sei er daran interessiert, diese Fragen in einem herrschaftsfreien Diskurs zu erörtern.

Um 20.30 Uhr sticht das Love Boat in See. Einer der Nachbarn ergreift akustische Gegenmaßnahmen und beschallt den Hof mit Roland Kaisers »Santa Maria«. Allerdings setzt der gewünschte Effekt nicht ein. Der olle Rolle, der davon trällert, die Jugend eines bedauernswerten Mädchens in seinen Händen zu halten, scheint die beiden sexuellen Überperformer erst richtig anzutörnen. So vermischt sich das Kaisersche Liedgut mit Stöhn-, Patsch- und Quietschgeräuschen zu einem bizarren Klangteppich. Es ist alles sehr unschön und könnte als musikalische Untermalung einer Kampagne für sexuelle Enthaltsamkeit dienen.

Schaue am nächsten Abend aus dem Fenster und sehe, wie sich Keko auf den Weg zur Arbeit macht. Sie ist Japanerin und spielt seit mehr als zehn Jahren Violine bei den Berliner Philharmonikern. Sie macht immer einen sehr kultivierten Eindruck und ist fast schon krankhaft schüchtern. Wenn man sie im Treppenhaus grüßt, läuft sie sofort rot an. Kann mir beim besten Willen nicht vorstellen, dass sie seit drei Wochen die unersättliche Sex Machine gibt. Wo Japaner ohnehin als Sex-Muffel gelten. Gleichzeitig gibt es in Japan aber einen riesigen Markt für bizarre Porno- und Bondage-Videos. Habe ich mal gelesen. Beziehungsweise gehört. Von einem Freund. Einem entfernten Bekannten. Also, eigentlich hat mir das im Bus ein wildfremder Mann ungefragt erzählt. Ich wollte das gar nicht wissen.

Gerade als Keko sich auf ihr Fahrrad schwingt, quietscht irgendwo im Haus das Bett, und es beginnt ein frühabendlicher Quickie. Ein erotisches Horsd'œuvre sozusagen. Ein besseres Alibi kann es für Keko nicht geben. – Später startet die

Kopulationsmaschine erneut. Aber sie läuft nicht ganz so geschmiert. Es wird nur dreimal gejaht, gequietscht, gepatscht, gestöhnt und gegrunzt. Und es dauert immer nur etwas mehr als zehn Minuten. Bin ein wenig besorgt. Ob einer der beiden krank ist? Das täte mir leid.

Treffe am nächsten Tag auf dem Heimweg von der Arbeit auf Herrn Meyer aus dem Erdgeschoss. Ein leicht verstaubter Mittfünfziger, der auf dem Katasteramt arbeitet. Und genauso interessant ist seine Ausstrahlung. Ob er trotzdem unser nächtlicher Duracell-Don Juan ist? Dagegen spricht, dass er im Sommer weiße Tennissocken in braunen Männersandalen trägt. Das wirksamste Verhütungsmittel, das ich kenne. Außerdem besitzt Herr Meyer einen altersschwachen Dackel, der innerlich verwest und fröhlich flatulierend einen bestialischen Gestank verbreitet. Nicht gerade ein Aphrodisiakum. Andererseits gibt es für alles einen Fetisch. Aber hoffentlich nicht bei uns im Erdgeschoss.

Am Abend geht gegen 22 Uhr das Knick-Knack wieder los. Das Feuer der Leidenschaft scheint sich jedoch weiter abzuschwächen. Es gibt lediglich zwei Runden Horizontalpolka, beide deutlich unter zehn Minuten. Und das »Ja, ja, ja« klingt nicht mehr ganz so enthusiastisch, das Stöhnen weniger leidenschaftlich, das Quietschen und Patschen nicht mehr ganz so laut, und das finale Grunzen hat auch eher etwas Geschäftsmäßiges. Da ist was faul im Staate Nymphomania.

Am nächsten Tag klingelt vormittags der Paketbote. Er fragt, ob ich ein Päckchen für Herrn und Frau Michalske annehmen könnte. Da würde niemand aufmachen. Erkundige mich, ob er aus der Wohnung verdächtige Geräusche vernommen hätte. Er schaut mich fragend an. Imitiere für ihn das Stöhnen, Patschen und Quietschen. Der Bote fühlt sich sichtlich unwohl und fragt, ob ich die Lieferung nun annehme oder nicht. Quittiere ihm den Empfang, und er zieht schnell von dannen.

Die Michalskes sind ungefähr Ende vierzig und große Naturliebhaber. Im Urlaub fahren sie immer in die Berge und unternehmen ausgedehnte Wanderungen. Dazu tragen sie Funktionsjacken im Partnerlook. Ein untrügliches Indiz, dass sexuell nicht mehr so wahnsinnig viel läuft.

Inspiziere das Paket sorgfältig wie ein Kriminaltechniker einen Tatort. Ein auffällig unauffälliger Karton in neutralem Grau. Eine Absenderadresse gibt es auch nicht. Möglicherweise die diskrete Verpackung eines Sex-Shops, und das Päckchen ist vollgestopft mit Gleitcreme, Handschellen, Latex-Unterwäsche und einer Penis-Pumpe. Utensilien, die das allmählich erlahmende Liebesspiel wieder auf Vordermann bringen sollen.

Ein paar Stunden später klingelt Herr Michalske und holt das Paket ab. Er stammelt etwas von einer Bücherlieferung. Lache höhnisch auf. Sicherlich ein Kamasutra für Fortgeschrittene.

In der folgenden Nacht geschieht das Ungeheuerliche. Nämlich nichts. Kein Jahen, kein Stöhnen, kein Patschen, kein Quietschen, auch kein Grunzen. Nichts. Rein gar nichts. Die Stille ist ohrenbetäubend. Das ist so ungewohnt, dass wir nicht einschlafen können.

Auch in den nächsten Nächten bleibt es ruhig, und es kommt nie raus, wer hinter diesen vier Wochen Dauer-Poppen steckte und warum es so plötzlich endete. Der Mietergemeinschaft tut die zurückgekehrte nächtliche Ruhe auf jeden Fall gut. Man grüßt sich wieder freundlich im Treppenhaus, leiht sich gegenseitig Eier und Zucker, und wenn man mal im Urlaub ist, gießen die Nachbarn für einen die Blumen. Fast so idyllisch wie in Bullerbü. Und fast so jugendfrei.

Kapitel 8
Wehe, wenn die Wehen (nicht) kommen

»Na, wann ist es so weit?« Eine an sich freundliche Frage, die von Empathie zeugt und mit der die Supermarktkassiererin ein wenig Small Talk mit der schwangeren Freundin halten möchte. Bei dieser löst dieses Interesse aber fast einen cholerischen Anfall aus. Bezahle schnell und bringe sowohl Einkäufe als auch die Freundin aus dem Laden, bevor sich Szenen abspielen, gegen die Michael Douglas' Amoklauf in »Falling Down« als konstruktiv vorgetragener Optimierungsvorschlag gelten kann.

Um dieses Verhalten der Freundin zu verstehen, müssen Sie wissen, dass es zwar noch mehr als vier Wochen bis zum errechneten Entbindungstermin sind, der Bauch der Freundin aber bereits Ausmaße angenommen hat, die eine Mehrlingsgeburt durchaus realistisch erscheinen lassen. Seit Monaten schon muss sich die Freundin Fragen anhören, die sich um das Ende ihrer Schwangerschaft drehen.

Der türkische Gemüsehändler von nebenan (»Wann isse denn vorbei?«), der Postbote (»Dauerts noch lange?«) oder die Bäckereifachverkäuferin (»Und, hamses bald hinter sich?«), sie alle legen aus Sicht der Freundin eine unangemessene Neugier an den Tag, um mehr über das Datum der Entbindung zu erfahren. Wahrscheinlich laufen in der Nachbarschaft Wetten auf den Geburtstermin, und die Fragenden bringen ihre Gewinnchancen in Erfahrung. Diese penetrante Fragerei ist für die Freundin besonders nervend, da der Alltag für sie aufgrund ihrer orcaesken Leibesfülle ohnehin beschwerlich genug ist. Treppensteigen erinnert an die Besteigung der Eiger-Nordwand, Sachen vom Boden aufheben ist eine fast tagesfüllende Aufgabe, und sich aus dem Sofa erheben ist ein Schauspiel, an dem sich Hollywood die Filmrechte gesichert hat. Biete der Freundin an, im Internet nach Heim-Flaschenzügen zu recherchieren, mit denen wir sie aus der Chaiselongue hieven könnten. Überraschenderweise missbilligt die Freundin meine Hilfsbereitschaft als wenig zielführend.

Dass sie zunehmend von dem ungeborenen Kind malträtiert wird, trägt nicht zur Zufriedenheit der Freundin mit der Gesamtsituation bei. Noch vor ein paar Monaten versetzte es sie in höchste Verzückung, wenn sie die zarten Regungen des Babys in ihrem Bauch spürte. Ein Ereignis von fast schon royaler Relevanz, über das ihrer Ansicht nach ARD und ZDF berichten müssten. Nach dem 1000. Mal lässt der Reiz der kindlichen Bewegungen im Bauch jedoch stark nach. Vor allem, weil das Kind inzwischen regelmäßig mit seinen kräftigen Beinen in die Gebärmutter tritt.

Besonders nachts frönt das Kind seinen Kickbox-Vorlieben und reißt die Freundin regelmäßig unsanft aus dem Schlaf. Dann weckt diese mich ebenfalls ruppig, um mich an ihrem Schwangerschaftsmartyrium teilhaben zu lassen und um mir mit unverhohlenem Vorwurf in der Stimme mitzu-teilen, dass das Kind hyperaktiv und unangemessen grob sei, was es bestimmt nicht von ihr haben könne.

Inzwischen sind es nur noch zwei Wochen bis zum errechneten Entbindungstermin. Um uns abzulenken und um die Zeit zu vertreiben, gehen die Freundin und ich ins Kino. Nicht weil uns der Film – eine Actionkomödie mit weniger Niveau als eine Unterhaltung im Dschungelcamp – wirklich interessiert, sondern weil wir es können.

Pünktlich zum Start des cineastischen Machwerks bemerkt die Freundin ein Ziehen in der Bauchgegend, was sie als Einsetzen der Wehen interpretiert. Bewahre aufgrund meines angelesenen Wissens aus einschlägigen Internetforen und unserem gemeinsamen Geburtskurs Ruhe. Erkläre der Freundin altklug, dies sei kein Grund zur Panik. Zwischen Beginn der Wehen und der eigentlichen Geburt lägen meistens viele Stunden. Außerdem hätten wir fast 30 Euro für Kinokarten und überteuerte Süßigkeiten ausgegeben. Dies seien meines Erachtens alles Gründe, die dafür sprächen, sich erst mal ganz gemütlich den Film anzuschauen. Die Freundin hat anscheinend eine andere Vorstellung von Gemütlichkeit und teilt meine Einschätzung nur bedingt.

Mit dem Abspann enden sowohl Film als auch Wehen. Meinen selbstgefälligen Kommentar, es habe sich wohl nur um ein paar Senkwehen gehandelt und es sei glücklicherweise ja alles nur halb so wild gewesen, nimmt die Freundin mit wenig Wohlwollen auf. Sie bietet mir an, beim nächsten Kinobesuch alle zehn Minuten in meinen Unterleib zu boxen, damit ich ebenfalls in den Genuss eines entspannten Filmabends käme.

Die nächste Woche wird von weiteren Scheinwehen begleitet, die so folgenlos bleiben wie meine Versuche als Jugendlicher, in der Disco ein Mädchen zum Tanzen aufzufordern. Abends im Bett erlaube ich mir wider besseres Wissen die scherzhafte Bemerkung, die Freundin sei vielleicht gar nicht schwanger, sondern habe in den letzten Monaten lediglich stark zugenommen. Das findet sie so lustig wie barfuß durch ein Brennnesselfeld zu laufen.

Mittlerweile soll das Kind schon seit fünf Tagen auf der Welt sein. Jeden Abend legen wir uns zeitig ins Bett, um im Fall einer nächtlich einsetzenden Geburt im Vollbesitz unserer körperlichen Kräfte zu sein. Zwölf Stunden später stehen wir nach einer ereignislosen Nacht wieder auf.

Nutze meine Tage im Büro zu ausgiebigen Recherchen über die Dauer von Schwangerschaften bei Säugetieren. Wende abends das neu erworbene Wissen an und doziere, dass Elefantenkühe ihre Babys 22 Monate austrügen. Die Freundin entgegnet gereizt, ob mir mit meinem zoologischen Halbwissen bekannt sei, dass Elefantenkühe, abgesehen von der Paarungszeit, kein sonderlich großes Interesse an ihren männlichen Artgenossen haben. Ein Wesenszug, den sie gerade sehr gut nachvollziehen könne. Beschließe, bis zur Ankunft des Kindes zur Wahrung des häuslichen Friedens humoristische Bemerkungen zur Dauer von Schwangerschaften auf ein Minimum zu reduzieren.

Der errechnete Geburtstermin ist inzwischen um sieben Tage überschritten. Wir suchen täglich die Frauenärztin zur Kontrolluntersuchung auf. Sie versichert uns, dem Kind gehe es gut und es werde sich auf den Weg machen, wenn es so weit sei. Die Freundin packt die Ärztin am Revers ihres Kittels und stößt krächzend hervor, sie sei verdammt noch mal jetzt so weit und der Balg solle gefälligst rauskommen und zwar unverzüglich. Die Ärztin, die anscheinend Erfahrung mit emotional instabilen Borderlinerinnen im Schwangerschafts-Endstadium hat, reicht uns eine Informationsbroschüre mit Ratschlägen zu wehenfördernden Maßnahmen.

Als Erstes empfiehlt das Büchlein eine anregende Massage. Dazu besorgen wir uns im Reformhaus Zimt-, Nelken-, Eisenwurz- und Ingweröl und mischen diese zu einem unappetitlichen schmierigen Cocktail. Diesen massiere ich bis an den Rand der körperlichen Erschöpfung in den Bauch der Freundin ein. Die Ölmixtur verströmt einen bestialischen Gestank und könnte sicherlich gute Ergebnisse bei exorzistischen Ritualen erzielen. Nicht aber bei unserem Kind.

Des Weiteren fordert das Heftchen die verzweifelte Schwangere auf, stimulierende Tees zu konsumieren. Dazu erwirbt die Freundin erneut im Reformhaus Zutaten im Wert eines Mittelklassewagens und brüht täglich in einer Art japanischen Teezeremonie den Wehentrunk auf, den sie sich literweise reinschüttet. Dies führt nicht zu den ersehnten Wehen, sondern lediglich dazu, dass die Freundin permanent unsere Toilette belegt. Spiele mehr als einmal mit dem Gedanken, in den Hinterhof zu urinieren.

Laut Ratgeber soll gut gewürztes Essen nicht nur Magenverstimmungen hervorrufen, sondern auch den Uterus in Schwingung versetzen. Wir stellen unverzüglich unseren kompletten Speiseplan auf asiatische Gerichte Kategorie »extrascharf« um und ernähren uns ausschließlich von chinesischen, thailändischen und indischen Fragwürdigkeiten, damit die Wehentätigkeiten endlich ihren Dienst aufnehmen. Schlage nach Tagen asiatischer Kost vor, das Kind »Chop Suey mit acht Kostbarkeiten« zu nennen. Wird von der Freundin abgelehnt. Durch die scharfen Gewürze sind meine Mundschleimhäute quasi nicht mehr existent. Von Wehen keine Spur.

Ein warmes Bad soll ebenfalls einen wehenauslösenden Effekt haben. Die Freundin steigt folglich jeden Abend in die Wanne und heizt das Wasser derart auf, dass unser Bad einer finnischen Dampfsauna gleicht. Und ich stehe jeden Abend vor der kniffligen Aufgabe, der Freundin aus der Wanne zu helfen. Versuchen Sie mal, einen adipösen Beluga aus der Badewanne zu hieven. (Selbstverständlich verbieten sich in Gegenwart der Freundin solche Metaphern aus dem Reich schwergewichtiger Tiere.)

Das Informationsheft rät des Weiteren zu ausgiebigen Spaziergängen, um die Wehentätigkeit anzuregen. Daher flanieren wir zwischen unseren asiatischen Mahlzeiten durch die Nachbarschaft und erkunden unseren Kiez. Die immer ausschweifenderen Spaziergänge, die eigentlich mit der Bezeichnung »Wandertour« treffender charakterisiert sind, führen uns vermehrt in die gutbürgerlichen Außenbezirke Berlins. Befürchte, dass die Anwohner demnächst die Polizei alarmieren, um das dubiose Pärchen dingfest zu machen, bei der die Frau eine Schwangerschaft vortäuscht, um Diebesgut unter der Jacke zu verstecken. Ich könnte ja schnell weglaufen, bei der Freundin wird das schon schwieriger. Die Wehen lassen weiter auf sich warten.

Das Wehen-Vademekum behauptet weiter, Nelkenöl-Tampons hätten wehenkatalysatorische Effekte. Die Freundin verweigert sich aber dieser Maßnahme, da sie ihr zu eklig sei. So richtig wichtig scheint es ihr doch nicht zu sein, ihre Gebärmutter zum Kontrahieren zu bringen. Behalte diese Einschätzung aber lieber für mich.

Den nächsten Tipp aus dem Leitfaden halte ich für besonders interessant. Da heißt es, leichte körperliche Tätigkeiten könnten die Wehen in Schwung bringen. Ganz im Interesse eines baldigen Starts des Geburtsvorgangs schlage ich der Freundin vor, sie solle den nächsten Großeinkauf alleine tätigen und selbst die schweren Tüten zu uns hoch in den vierten Stock tragen. Danach könne sie die Wohnung einer Generalreinigung unterziehen, was ohnehin angebracht sei, wenn wir demnächst Besuch von Verwandten und Freunden bekämen, die eine Audienz bei unserem Neugeborenen möchten. Die Freundin lehnt dies mit Hinweis auf umwelt- und säuglingsschädigende Substanzen in den Putzmitteln kategorisch ab. Anscheinend fehlt ihr der letzte Biss, um die Wehen auf Teufel komm raus zu starten.

Als ich am nächsten Abend nach Hause komme, dröhnen mir laute orientalische Klänge entgegen. Finde die Freundin im Wohnzimmer, wo sie verbissen ihre Hüften kreisen lässt, als stünde sie im Finale der Hula-Hoop-Weltmeisterschaft. Die Freundin erklärt, dies sei ein weiterer Tipp aus der Wehen-Fibel. Danach insistiert sie, ich solle gefälligst mitmachen, denn alleine sei ihr das zu peinlich. Als guter Co-Schwangerer tue ich ihr den Gefallen und beginne, meine Schamgrenze ausreizend, das Becken in kreisähnliche Bewegungen zu versetzen. Es gibt sicherlich Seniorenheim-Bewohner mit künstlichen Hüftgelenken, die sich mit mehr Anmut bewegen. Hoffe, dass niemand meine erbärmlichen Bemühungen auf Video aufnimmt und ich meine fünfzehn Minuten Ruhm in »Upps! Die Pannenshow« ausleben muss.

Als ultimativen Wehenauslöser empfiehlt der Wehen-Guide zum Schluss den Beischlaf. Die Freundin ist begeistert. Melde aber Zweifel an, ob dies wirklich die Lösung sei. Durch Sex seien wir doch überhaupt erst in diesen Schlamassel geraten. Die Freundin fragt mich, ob ich aufgrund der einseitigen asiatischen Kost eventuell unter Vitamin-A-Mangel leide, der sich ungünstig auf meine intellektuelle Leistungsfähigkeit auswirkt. Es wäre doch geradezu folgerichtig, die Schwangerschaft damit zu beenden, womit sie begonnen hat.

Willige schließlich ein. Bin von den ausgiebigen Spaziergängen und den ausufernden Bauchtänzen der letzten Tage aber erschöpft wie ein Marathonläufer nach dem Zieleinlauf und schlafe schon beim Vorspiel ein. Sollte Sex tatsächlich das letzte Mittel zur Einleitung der Wehen sein, sehe ich ob meiner geschwächten Libido für die Geburt des Kindes schwarz.

Kapitel 9

Nur 48 Stunden –
Protokoll einer schweren Geburt

Donnerstag, 7.11 Uhr

»Das ist keine Übung«, reißt mich die Freundin aus dem Schlaf. »Die Wehen haben endlich angefangen!« Es wäre jetzt an der Zeit, ins Krankenhaus zu fahren, erklärt sie.

Donnerstag, 7.18 Uhr

Stehe im Bad und frage mich, ob ich zur Feier des Tages meinen Bart stutzen soll. Die Freundin möchte dies nicht mit mir diskutieren und schaut grimmiger als Wolfgang Schäuble, wenn er die neuesten Haushaltszahlen vorstellt. Belasse es bei einer Katzenwäsche.

Donnerstag, 7.25 Uhr

Meine Frage, ob wir noch etwas frühstücken sollen, wird abschlägig beschieden. Stattdessen schickt mich die Freundin auf die Straße, um nach einem Taxi Ausschau zu halten.

Donnerstag, 7.31 Uhr

Bitte den Taxifahrer, er möge die Straßenverkehrsordnung als wohlgemeinte Empfehlung für Fahrverhalten und nicht als zwingend zu befolgende gesetzliche Vorschrift interpretieren.

Er schaut so verständnislos wie ich früher im Matheunterricht beim Versuch, Differenzialgleichungen zu lösen. Erkläre ihm, er könne mit einem saftigen Trinkgeld rechnen, wenn er uns schnellstmöglich ins Krankenhaus bringt. Das Angebot überzeugt den Fahrer, er rast in einem atemberaubenden Tempo los. Nach mehreren dunkelorangen Ampeln, suizidalen Überholmanövern und missachteten Rechts-vor-links-Situationen bin ich um Jahre gealtert, und wir erreichen das Krankenhaus.

Donnerstag, 8.04 Uhr
Renne zur Notaufnahme und erkläre, die Freundin habe Wehen, weswegen wir dringend in den Kreißsaal müssten. Die Pförtnerin schaut gelangweilt von ihrer Zeitschrift auf und stellt in einem Tonfall, der ausschließlich in Berlin als charmant gilt, fest, es handle sich offensichtlich um unsere erste Geburt.

Donnerstag, 8.45 Uhr
Sitzen im Wartebereich der Geburtsstation und versuchen seit fast einer Stunde, ein achtseitiges Aufnahmeformular in dreifacher Ausfertigung auszufüllen.

Donnerstag, 9.57 Uhr
Sitzen immer noch im Wartebereich. Die Wehen der Freundin werden stärker, und sie gibt mir zu verstehen, ich solle gefälligst dafür sorgen, dass wir endlich drankommen.

Donnerstag, 10.03 Uhr

Gehe zur Stationsschwester und frage, ob es gerade ein ungünstiger Zeitpunkt sei und wir vielleicht zur Geburt unseres nächsten Kindes wiederkommen sollen. Vermute ob ihres missmutigen Blicks, dass wir gerade auf der Warteliste ganz nach unten gerutscht sind.

Donnerstag, 11.35 Uhr

Dürfen endlich auf die Geburtsstation. Die Freundin wird als Erstes an den Wehenschreiber angeschlossen. Dieser zeichnet trotz subjektiv stark vorhandener Schmerzen objektiv lediglich eine Gerade mit Ausschlägen im visuell kaum wahrnehmbaren Bereich auf. Die Krankenschwester erklärt, wir sollen einen ausführlichen Spaziergang unternehmen und nach zwei Stunden zurückkommen.

Donnerstag, 11.58 Uhr

Flanieren durch den Krankenhausgarten und sinnieren darüber, dass dies unser letzter kinderloser Spaziergang ist. Die Freundin klagt über Wehenschmerzen.

Donnerstag, 13.35 Uhr

Kehren leicht erschöpft auf die Station zurück. Der Wehenschreiber zeichnet eine Gerade in absoluter Perfektion. Die Schwester ordnet weitere Spaziergänge an. Wir sollen nicht vor 16 Uhr zurückkehren.

Donnerstag, 13.58 Uhr

Schlage vor, wir könnten einen kleinen Snack einnehmen. Der Freundin wird beim Gedanken an Essen schlecht. Erkläre mich solidarisch und verzichte aufs Mittagessen.

Donnerstag, 15.28 Uhr

Drehen immer noch Runden im Krankenhausgarten und erinnern uns, dass wir vorhin dachten, unseren letzten kinderlosen Spaziergang zu unternehmen. Die Wehenschmerzen nehmen weiter zu. Mein Magenknurren ebenfalls.

Donnerstag, 16.00 Uhr

Erscheinen pünktlich auf der Geburtsstation. Die Ausschläge des Wehenschreibers bleiben niedriger als das Niveau einer Rosamunde-Pilcher-Verfilmung. Ziehe mir den Zorn der Schwester zu, weil ich energisch einen anderen Schreiber verlange, da der vorhandene offenkundig nicht richtig funktioniere.

Donnerstag, 16.18 Uhr

Die Laune der Schwester verschlechtert sich weiter, als das neue Gerät die gleichen Ergebnisse produziert. Werden auf weitere Spaziergänge geschickt, verbunden mit dem kaum noch als höflich zu bezeichnenden Hinweis, wir sollen es unter keinen Umständen wagen, uns weniger als drei Stunden Zeit dafür zu nehmen.

Donnerstag, 16.46 Uhr

Laufen zum wiederholten Mal an der Cafeteria vorbei. Frage die Freundin, ob wir uns nicht vielleicht doch etwas stärken sollten. Sie schaut mich fassungslos an, als hätte ich vorgeschlagen, Presskopf mit Sülze zu essen. Der Käsekuchen in der Auslage hebt bedauernd die Schultern.

Donnerstag, 17.32 Uhr

Erinnere mich an einen Bericht über einen 82-jährigen Inder, der angeblich mehr als siebzig Jahre keine Nahrung, sondern lediglich Wasser zu sich nahm und den Tag mit Yoga-Übungen verbrachte. Bin aber zu ungelenk für Yoga-Figuren und bezweifle, dass der indische Asket alle zehn Minuten an einer Cafeteria vorbeigelaufen ist.

Donnerstag, 18.27 Uhr

Schauen auf der Geburtsstation vorbei. Werden barsch von der Schwester gefragt, ob wir nicht in der Lage seien, die Uhr zu lesen, und nicht wüssten, wann drei Stunden vorbei sind.

Donnerstag, 19.00 Uhr

Die Freundin darf wieder an den Wehenschreiber. Die aufgezeichnete Kurve bleibt flach wie ein Mario-Barth-Witz.

Donnerstag, 19.17 Uhr

Die Krankenschwester schlägt vor, die Nacht zu Hause zu verbringen. Die Freundin lehnt dies vehement ab, da könne sie ja gleich eine Hausgeburt durchführen. Das motiviert mich, nachdrücklich auf einer Übernachtung im Krankenhaus zu bestehen.

Donnerstag, 20.38 Uhr
Bekommen schließlich ein leerstehendes Einzelzimmer zugewiesen. Die Freundin verzichtet dankend auf das Abendessen. Lutsche am Kopfkissen, um etwas im Mund zu haben.

Donnerstag, 21.13 Uhr
Die Nachtschwester verabreicht der Freundin einen Wehenhemmer, um uns eine ruhige Nacht zu bescheren. Schlafe sofort vollkommen erschöpft von den kilometerlangen Spaziergängen und geschwächt durch das Nahrungsdefizit ein.

Donnerstag, 23.15 Uhr
Werde von der Freundin geweckt, die mit verklärten Augen erklärt, sie habe von ihrer Großmutter geträumt, die ihr zur Geburt einer Tochter gratuliert habe. Frage mich, ob der Wehenhemmer halluzinogene Wirkungen hat.

Freitag, 3.21 Uhr
Wache durch ein lautes Geräusch auf. Stelle fest, dass es mein knurrender Magen ist. Kann nicht mehr einschlafen.

Freitag, 6.25 Uhr
Die Freundin schickt die Schwester mit dem Frühstücks-

tablett sofort wieder raus, da sie sich sonst übergeben müsse. Komme mir vor wie Jan Ulrich, der vom Hungerast geplagt durch die Alpen radelt.

Freitag, 8.30 Uhr
Erster Besuch beim Wehenschreiber. Der Wehenhemmer leistet ganze Arbeit, und der Schreiber bewegt sich weniger als Bill Cosby beim Tanzen.

Freitag, 9.11 Uhr
Laufen wieder durch die Gartenanlage der Klinik. Fühle mich wie Bill Murray am Murmeltiertag. Im Hintergrund singen Sonny & Cher »I got you Babe«. Das Murmeltier kichert irre.

Freitag, 10.30 Uhr
Ereignisloser Besuch beim Wehenschreiber. Biete der Freundin an, bei mir die Wehen messen zu lassen. Sie verlässt wortlos das Zimmer Richtung Krankenhausgarten.

Freitag, 11.41 Uhr
Erkläre der Freundin, ich sollte meine Kräfte vielleicht lieber schonen, damit ich sie später bei der Geburt besser unterstützen kann. Frage sie, ob es ihr etwas ausmacht, wenn sie alleine weiter spazieren geht. Bekomme keine Antwort.

Freitag, 12.30 Uhr
Spreche vorsichtig das Thema Mittagessen an. Die Freundin

herrscht mich an, ob ich denn an gar nichts anderes als immer nur an Essen denken könne.

Freitag, 13.32 Uhr
Die nächste Sitzung am Wehenschreiber ist ernüchternd wie der Blick aufs Bankkonto am Monatsende.

Freitag, 14.11 Uhr
Die Ärzte denken darüber nach, den Wehen medikamentös auf die Sprünge zu helfen. Daraufhin bequemen sich dieselbigen, wieder einzusetzen.

Freitag, 15.47 Uhr
Der Wehenschreiber ist gnädig und zeichnet kurvenähnliche Linien auf.

Freitag, 15.55 Uhr
Wir dürfen endlich den Kreißsaal betreten, der mit Gymnastikbällen, Seilen und Schaukeln ausgestattet ist. Deklamiere mit Pathos, dies sei ein kleiner Schritt für die Menschheit, aber ein großer Schritt für uns. Die Freundin findet, schweigend sei ich ihr eine größere Unterstützung als redend.

Freitag, 16.32 Uhr
Der Anästhesist begrüßt uns mit dem aufmunternden Spruch, rein ginge es leichter als raus. Spiele mit dem Gedanken, ihm eine reinzuhauen. Erkläre ihm stattdessen, dass im

umgekehrten Falle die Menschheit schon längst ausgestorben wäre. Findet er evolutionär gesehen einleuchtend.

Freitag, 16.43 Uhr
Werde des Raumes verwiesen, damit der Freundin in Ruhe eine lokale Betäubung in den Rücken gesetzt werden kann. Verabschiede mich mit ausschweifenden Worten des Bedauerns.

Freitag, 16.44 Uhr
Will mich gerade auf den Weg zur Cafeteria aufmachen, als mir ein Mann mit Tränen der Rührung seinen Neugeborenen präsentiert. Das Gesicht des Säuglings ist stark gerötet, er hat eine erstaunlich breite Nase sowie verkniffene Augen. Das Kindchenschema verhöhnend, sieht das Baby aus wie eine Miniaturausgabe von Franz-Josef Strauß. Versichere dem Vater wohlfeil, was für einen prachtvollen Stammhalter er da habe und er sei ihm wie aus dem Gesicht geschnitten.

Freitag, 17.04 Uhr
Kehre in den Kreißsaal zurück, ohne die Cafeteria aufgesucht zu haben. Die lindernde Wirkung der Betäubung hat bei der Freundin nicht nur die Schmerzen, sondern auch die Wehen vertrieben.

Freitag, 18.51 Uhr
Ernte wenig Verständnis von der Freundin, als ich über

meine unmenschlichen Magenschmerzen klage. Die lokale Anästhesie scheint das limbische System ihres Gehirns und ihre Empathiefähigkeit zu beeinträchtigen.

Freitag, 21.49 Uhr

Seit Stunden keine Neuigkeiten von der Wehenfront. Dafür umso mehr von meinem Magen. Hungerdeliriere vor mich hin. Der Greiseninder fragt, ob ich Lust auf ein Glas lauwarmes Wasser hätte.

Samstag, 1.04 Uhr

Die Hebamme zieht ihre erfahrenste Kollegin für eine Einschätzung zu Rate. Diese kommt in Gestalt eines alten Hutzelweibchens, das wie Jodas Mutter aussieht. Sie brabbelt ein paar unverständliche Worte. Hört sich für mich an wie »... dass das Kind wohl nicht auf natürlichem Wege zur Welt kommen wird«.

Samstag, 2.49 Uhr

Vertreibe mir die Zeit, indem ich mit dem Gymnastikball hüpfe. Die Freundin ist nicht amüsiert. Hänge mich an das Seil von der Decke und rufe: »Ich Tarzan, du Jane!« Die Freundin ist noch weniger amüsiert.

Samstag, 3.15 Uhr

Erwäge, unsere Wohnung zu kündigen und dauerhaft ins Krankenhaus zu ziehen.

Samstag, 4.11 Uhr

Der Stationsarzt kommt in den Kreißsaal und erklärt, er möchte sicherstellen, dass es dem Kind gut gehe, und müsse daher den Sauerstoffgehalt seines Blutes untersuchen. Dazu pikse er mit einer langen Nadel durch die mütterliche Scheide ins Köpfchen des Kindes, um einen kleinen Blutstropfen zu erhalten. Wir würden uns sicherlich fragen, ob dies dem Kind wehtut. Das sei wahrscheinlich der Fall. Glücklicherweise würde sich das Kind später daran aber nicht erinnern und schon gar nicht daran, dass er es war, der es gepikst hat.

Samstag, 4.15 Uhr

Der Arzt kommt zurück und verkündet freudestrahlend, dass unser Kind mehr Energie für den Rest der Nacht habe als er selbst. Eine Feststellung, so beruhigend wie die Aussage des Titanic-Kapitäns, man komme an dem Eisberg locker vorbei.

Samstag, 5.35 Uhr

Die Ärzte entscheiden, das Kind nun doch per Kaiserschnitt zu holen. Ziehe mir OP-Klamotten an und fühle mich gut aussehend und begehrenswert wie Patrick Dempsey in »Grey's Anatomy«. Als ich in einen Spiegel schaue, ist es eher Professor Brinkmann aus der »Schwarzwaldklinik«.

Samstag, 5.58 Uhr

Mein alter Freund, der Anästhesist, betritt den OP, um die Betäubung vorzubereiten. »Keine Angst, raus kommen sie alle«, erklärt er und lacht dabei unsympathisch. Der Mann steigt auf meiner Liste der Menschen, die ich gerne ohrfeigen möchte, weiter nach oben.

Samstag, 6.23 Uhr

Höre im OP, wie der Oberarzt das Personal anweist, man möge sich beeilen. Er habe noch zwei weitere Eingriffe und einen wichtigen Termin um zehn Uhr. Bilde mir ein, dass unter seinem OP-Kittel Golfhosen hervorlugen. Könnte sich aber auch um eine nahrungsdefizitbedingte Sinnestäuschung handeln.

Samstag, 7.11 Uhr

Nach präzisem Schneiden, Ziehen und Drücken der Ärzte hält uns die OP-Schwester ein kleines käseschmieriges Bündel entgegen. Es ist ein Mädchen. Sie scheint ob der langen und beschwerlichen Geburt etwas verstimmt zu sein und brüllt uns mit puterrotem Kopf an.

Samstag, 7.24 Uhr

Bin erleichtert, als mir die Hebamme das gleiche Kind nach der ersten Untersuchung in den Arm drückt und es nicht mehr aussieht wie ein Kleindarsteller aus der Alien-Trilogie.

Samstag, 7.26 Uhr

Die Hebamme fordert mich auf, die Tochter zu wickeln. Nervös und mit der feinmotorischen Fingerfertigkeit eines bulgarischen Kugelstoßers kleide ich das Kind an.

Samstag, 7.40 Uhr

Sitze mit der Tochter im Arm in einem bequemen Sessel. Rieche mehr als eine halbe Stunde an ihrem Köpfchen. Möchte das von nun an hauptberuflich machen.

Samstag, 8.10 Uhr

Werde von der Hebamme mit den Worten, Mutter und Tochter müssten sich jetzt ausruhen, nach Hause geschickt. Verlasse das Krankenhaus, kann mich aber nicht mehr daran erinnern, wo wir wohnen.

Samstag, 8.12 Uhr

Lege mich auf eine Bank im vertrauten Krankenhausgarten. Schlafe ein und träume, unter Anleitung des greisen Inders die Yoga-Figur »Essender Mann« einzuüben. Die Freundin sitzt daneben und isst Käsekuchen. Die Tochter schaut skeptisch zu und fragt sich, ob dieser bärtige Zausel tatsächlich ihr Vater ist.

Kapitel 10
Beim ersten Mal tut's noch weh

»Und die lassen uns jetzt einfach gehen? So ganz alleine? Das können die dem Kind doch nicht antun.« Die Freundin schaut mich besorgt an, denn nach fünf Tagen in der Obhut der Geburtsklinik werden die Tochter und sie heute entlassen.

Gerne würde ich ihr ein paar beruhigende Worte entgegnen, aber ich teile ihre Bedenken. Insbesondere da ich gerade mit wenig Erfolg versuche, die Tochter in einen warmen Winteranzug zu zwängen. Die ist damit überhaupt nicht einverstanden und bringt ihren Protest durch lautes Weinen zum Ausdruck. Erstaunlich, wie schnell die Gesichtsfarbe eines Säuglings von Zartrosa zu Dunkelrot wechseln kann. Zumindest harmoniert das farblich ganz gut mit der Oberbekleidung.

Nun sollen wir also zu Hause unser theoretisches Wissen, das wir durch die ausgiebige Lektüre von Baby-Ratgebern sowie Recherchen in obskuren Internetforen erworben haben, in der Praxis anwenden. Eine Transferleistung, die mir als diplomiertem Sozialwissenschaftler vollkommen fremd ist. Denn, wie es einer meiner Professoren ausdrückte, »Soziologen sind theoretisch Zuchtbullen, aber praktisch Eunuchen«.

Nach einer knapp fünfzehnminütigen Taxifahrt, auf der ich den Fahrer mehrmals anherrsche, er möge gefälligst die 7-km/h-Grenze nicht überschreiten, um Leib und Leben unseres Kindes nicht zu gefährden, betreten wir zum ersten Mal zu dritt unsere Wohnung. Die Erhabenheit dieses mikrohistorisch bedeutsamen Ereignisses wird allerdings ein wenig geschmälert, da die Tochter beim Überschreiten der Türschwelle geräuschvoll in die Windel donnert. (Erst in der retrospektiven Betrachtung des Moments wurde uns klar, dass die Tochter mit der Darmentleerung ihr Revier markiert hat und uns signalisierte, wer von nun an das Sagen hat.)

Somit gibt es gleich die nächste Premiere: die Einweihung der Wickelkommode im Kinderzimmer. Lege die Tochter auf der flauschigen Unterlage ab und schalte als Erstes die Wärmelampe über der Kommode an, um der Tochter beim Wickeln den höchstmöglichen Komfort zu bieten. Sie hält den Komfort aber für stark ausbaufähig und findet offenbar, dass ich entschieden zu viel an ihr zerre und zurre.

Öffne schließlich die Windel und entdecke ein naturwissenschaftliches Phänomen: Die Menge an Stuhlgang ist mehr als doppelt so groß wie die Menge an Milch, die die Tochter heute zu sich genommen hat. Die frische Luft im Schritt stimuliert die Tochter, und sie pieselt im hohen Bogen auf die Wickelkommode. Und auf die frischen Klamotten, die ich amateurhaft in Pinkelreichweite abgelegt hatte. Stoße einige vulgäre Worte hervor, deren Verwendung wir der Tochter später sicherlich verbieten werden.

Versuche nun, mit der rechten Hand neue Klamotten aus der Kommode zu fummeln, und halte gleichzeitig mit der linken Hand die Tochter am Bauch fest, damit sie nicht mit einem dreifachen Backflip zu Boden springt. Das ist zwar nicht sehr wahrscheinlich, aber ich hätte es auch nicht für möglich gehalten, dass sie mit der Präzision einer Scharf-schützin ausgerechnet auf ihre saubere Kleidung pinkelt.

Hebe dann die nackte Tochter hoch, um die nasse Wickelunterlage auszutauschen. Sie freut sich über den Positionswechsel, und da ihre Möglichkeiten, sich verbal mitzu-teilen, noch stark begrenzt sind, drückt sie ihre Begeisterung mit einem Strahl Urin aus, den sie geschickt auf meinen Pullover lenkt. Reiße sie reflexartig in die Höhe, woraufhin die Tochter erschrickt und ein wenig unverdaute Muttermilch auf mich spuckt. Meine Klamotten sehen mittlerweile aus, als seien sie von Ed Hardy entworfen worden.

Das erste Wickeln zu Hause läuft zugegebenermaßen eher suboptimal, aber ich verzichte dennoch darauf, die Freundin um Unterstützung zu bitten. (Falscher Stolz kann manchmal eine Bürde sein.) Ich werde ja wohl noch mit einem fünf Tage alten Säugling fertig werden. Dass dem nicht so ist, beweist mir die Tochter, indem sie lässig auf die unter-lagenlose Kommode kackt. Nehme dies zum Anlass, mein Vulgärvokabular noch einmal erheblich zu erweitern.

Die Wärmelampe produziert derweil Temperaturen wie in der Wüste Gobi, und an meinem ganzen Körper laufen Tsunami-artige Schweißbäche hinunter. Nach ungefähr einer Dreiviertelstunde ist es endlich geschafft, und die Tochter ist frisch gewaschen, eingecremt und eingekleidet. Jetzt muss sich nur noch jemand um die Renovierung des Wickelbereichs kümmern.

Die ganze Umziehprozedur hat die Tochter hungrig gemacht, und sie verlangt energisch nach Essen. Hektisch, als läge die letzte Nahrungsaufnahme nicht zwei Stunden, sondern zwei Tage zurück, versucht sie, die mütterliche Brust komplett in den Mund zu stopfen. Danach giert sie sich die Muttermilch in den Rachen wie ein Verbindungsstudent das Bier beim Stiefelsaufen. Anschließend verdreht sie versonnen die Augen, grunzt kurz und knattert geräuschvoll in die Windel. Dies gibt mir die Möglichkeit, weiter an meinen Wickelkünsten zu arbeiten.

In den nächsten Tagen gewöhnen wir uns an unser Echtzeit-»Vater, Mutter, Kind«-Rollenspiel. Dabei zeichnet sich unsere kleine Familie durch einen hohen Grad an funktionaler Arbeitsteilung aus: Die Freundin ist fürs Stillen zuständig, die Tochter fürs Verdauen und ich fürs Windelwechseln. Hier entwickle ich entgegen meinen eigenen Befürchtungen nach dem ersten Wickeldesaster doch recht schnell Routine und würde mich im Vergleich zur Freundin als den Wickelexperten von uns beiden bezeichnen. (Sie ist da womöglich anderer Ansicht, aber das liegt daran, dass die restlichen Schwangerschaftshormone ihr Urteilsvermögen eintrüben.) Schlage der Freundin vor, ich könnte im Fernsehen auftreten und die Tochter Einrad fahrend, mit verbundenen Augen einhändig wickeln, während ich mit der anderen

Hand brennende Fackeln jongliere. Die Freundin ist dagegen. Wahrscheinlich neidet sie mir meinen möglichen Ruhm.

Nach einer Woche des Zusammenlebens mit unserer neuen Mitbewohnerin ist es an der Zeit, sie an die Welt außerhalb unserer vier Wände heranzuführen. Beschließe daher, sie mit zum Einkaufen zu nehmen. Und als fürsorglicher Partner erkläre ich der Freundin, sie könne zu Hause bleiben und sich ein wenig ausruhen. (Und als egoistischer Partner hoffe ich, dass sie sich in meiner Abwesenheit um den Haushalt kümmert, da unsere Wohnung einen Zustand angenommen hat, der kaum noch den einfachsten Standards von Ordnung und Sauberkeit entspricht.)

Vor der ersten Außenexpedition stillt die Freundin noch die Tochter, und als diese ins Fresskoma gefallen ist, packe ich sie in den Kinderwagen, und wir ziehen los. Schon kurz nach dem Betreten des Supermarkts stelle ich fest, dass das Einkaufen mit einem Säugling zu einem erhöhten Aufkommen sozialer Interaktionen führt. In der Prä-Nachwuchs-Ära beschränkten sich diese auf kurze zweckmäßige Dialoge mit der Kassiererin (»Hammses nicht passend?« – »Leider nein.«) sowie auf wüste Beschimpfungen durch den Obdachlosen vor dem Laden, wenn ich ihm kein Geld in seine Mütze geworfen habe.

Doch diesmal ist es anders. Alle sind sehr zuvorkommend, lassen mir den Vortritt und verwickeln mich in Unterhaltungen. Immer wieder sprechen mich ältere Damen an und erzählen mir ungefragt von ihren Enkelkindern, die alle ausnahmslos unglaublich hübsch und unglaublich klug sind. Frage mich, woran sich bei Säuglingen eine Hochbegabung festmachen lässt. Ob sie mehrsprachige Blähungen haben? Oder beim Bäuerchenmachen die Königin der Nacht intonieren?

Eine rüstige Seniorin hält mir sogar eine Fotoaufnahme ihrer unscharfen und überbelichteten Enkelin vor die Nase und erwartet, dass ich mich löblich über das Aussehen des Babys äußere. Meine Aussage »Fast so süß wie meine Tochter« irritiert die Rentnerin so sehr, dass sie nicht mehr zu einer Anschlusskommunikation fähig ist.

Da nähert sich auch schon die nächste Silberhaube. Sie beugt sich über den Kinderwagen und streichelt über das Gesicht der schlafenden Tochter. Mein gebelltes »Nehmen Sie sofort Ihre Pfoten da weg« führt dazu, dass nicht nur die alte Frau Reißaus nimmt, sondern sich auch alle anderen Kunden von nun an fern von uns halten. Sogar der Obdachlose vor dem Supermarkt akzeptiert widerspruchslos, dass ich ihm kein Geld gebe, und wünscht mir trotzdem einen schönen Tag.

Auf dem Heimweg lege ich einen kleinen Abstecher zum nahegelegenen Park ein, um der Tochter ein wenig Zeit an der frischen Luft zu gönnen. Und um zu vermeiden, dass die Freundin noch nicht fertig ist mit Aufräumen, wenn ich zu früh zurückkomme.

Während ich meine Runden durch die städtische Grünanlage drehe, mache ich die interessante Erfahrung, dass so ein Baby eine geradezu magnetische Wirkung auf junge Frauen hat. Werde mehrfach von Mitt- bis Endzwanzigern angesprochen, wie wahnsinnig goldig die Tochter doch sei. Dabei mustern sie mich von oben bis unten und werfen mir lüsterne Blicke zu. (Zumindest in meiner Wahrnehmung.)

Wahrscheinlich hat dieses Verhalten evolutionsbiologische Ursachen. Als Vater habe ich meine Potenz unter Beweis gestellt, und indem ich einen Kinderwagen schiebe, strahle ich Verantwortungsbewusstsein und Metrosexualität aus und bin das menschgewordene Symbol eines modernen Familienbilds. Das macht mich bei gebärfähigen und -willigen Frauen natürlich zu einem begehrenswerten Fortpflanzungsobjekt. (Zumindest in meiner Wahrnehmung.)

Noch nie war es so einfach für mich, mit attraktiven Vertreterinnen des anderen Geschlechts in Kontakt zu treten. Hätte ich das mal als Teenager gewusst. Dann hätte ich mir regelmäßig den kleinen Sohn unserer Nachbarn geborgt, als meinen Bruder ausgegeben und in meiner Jugend ganz andere amouröse Erfahrungen machen können. Oder überhaupt irgendeine.

Als wir wieder zu Hause ankommen, begrüßt uns die Freundin überschwänglich. Sie habe sich in den letzten zwei Stunden ganz hervorragend ausruhen können und würde jetzt erst mal die Tochter stillen. Vielleicht könnte ich mich in der Zwischenzeit ein wenig um die Wohnung kümmern. Die habe nämlich in den letzten Tagen einen Zustand angenommen, der kaum noch den einfachsten Standards von Ordnung und Sauberkeit entspräche

Kapitel 11

Geschenke, Geschenke. Oder:
Das wäre doch nicht nötig gewesen

»Das ist aber schön, dass wir uns schon wieder sehen.« Der Paketbote, dem meine freundliche Begrüßung gilt, ist weitaus weniger begeistert über unser Wiedersehen. Das liegt womöglich daran, dass wir seit der Geburt unserer Tochter mit Geschenken überhäuft werden und der Paketbote täglich massenweise Päckchen zu uns in den vierten Stock schleppen muss.

Ein Großteil der Präsente kommt von Bekannten und Freunden meiner Eltern, die mir persönlich vollkommen fremd sind. Aber so ist das auf dem Lande, wo ich aufgewachsen bin. Dort werden zur Geburt Geschenke gemacht, egal ob man sich persönlich kennt oder nicht. Wie damals bei meiner Konfirmation, als ich von mir unbekannten Kegelbrüdern meines Vaters oder Kaffeeklatschfreundinnen meiner Mutter mit großzügigen Geldgeschenken bedacht wurde. Zunächst fand ich es ein wenig befremdlich, dass ein so spirituelles Ereignis wie die Aufnahme in die Gemeinschaft Christi zu solch materiellen Auswüchsen führt. Wo die Bibel doch den schnöden Mammon aufs Schärfste verurteilt. Da ich mir von dem Konfirmationsgeld aber eine Stereoanlage und ein Rennrad kaufen konnte, hielt sich meine theologische Skepsis gegenüber dem dörflichen Geschenkbrauchtum in Grenzen.

Zur Geburt der Tochter bekommen wir jedoch bedauerlicherweise weniger Geld, sondern in erster Linie Babyklamotten von fragwürdiger Ästhetik. Es müsste mal untersucht werden, ob es in meiner alten Heimat ein erhöhtes Aufkommen von Farbenfehlsichtigkeit gibt. Bei unserem Versuch, die Kleidung auf Ebay zu monetarisieren, müssen wir ernüchtert feststellen, dass es keine allzu große Nachfrage nach Stramplern in Augenschmerz erzeugenden Komplementärfarben und der Aufschrift »Mein Papa ist der Beste« gibt. Eigentlich überhaupt keine.

Derweil sind die Großtanten der Freundin, von denen es sehr viele gibt, in einen regelrechten Strickwettstreit getreten und produzieren mit ihren Arthritis-geplagten krummen Fingern Wollkleidung im Akkord. Täglich erreichen uns neue wollene Strampler, Pullover, Jacken, Hosen, Mützen, Handschuhe, Schals und Socken. Dabei gibt es eine unschöne Korrelation zwischen der Aufwendigkeit der Strickmuster und der Geschmacklosigkeit der gewählten Farben.

Um die verwandtschaftliche Harmonie zu wahren, stecken wir die Tochter einen Nachmittag lang in diese gestrickten Ensembles des Grauens und halten das Ganze fotografisch fest. Jede der Strickliesen bekommt dann ein individuelles Beweisfoto nebst einer Karte, in der wir uns ausschweifend bedanken und mehrfach betonen, dass es wirklich, wirklich nicht nötig sei, sich so viel Mühe zu geben, denn die Tochter wachse schneller als Unkraut und könne die Sachen gar nicht lange tragen. Dies hat zur Folge, dass die Großtanten zurückschreiben, das Stricken mache doch wahrlich keine Mühe, und zum Beweis legen sie ein neues Wollverbrechen gegen den guten Geschmack bei. Es ist ein Teufelskreis.

Mein Bruder schenkt seiner Nichte einen Schlafanzug einer noblen Babykleidungsmarke aus Frankreich. Wie es sich für ein französisches Label gehört, fällt es aber zu klein für die Tochter aus. Somit lernt sie schon frühzeitig den Schlankheitsterror der Modeindustrie kennen.

Das größte Geschenk schickt der ältere Bruder der Freundin: ein ungefähr 1,80 Meter großes Stofftier. Was es genau darstellt, lässt sich nur schwer sagen. Es scheint eine zusammengemendelte Kreuzung aus mutiertem Hund und fettleibigem Bären zu sein. Der Karton, in dem die überdimensionierte Kuschelkreatur angeliefert wird, ist so groß, dass wir ihn als Kinderzimmer benutzen könnten. Das wäre auch ganz praktisch, nimmt doch der voluminöse Hundebär ungefähr die Hälfte des Zimmers der Tochter ein.

Die Verwandtschaft begnügt sich leider nicht damit, Geschenke zu schicken, sondern besteht auch darauf, das Neugeborene persönlich in Augenschein zu nehmen. Wahrscheinlich möchte sie sich vergewissern, dass wir der neuen Aufgabe gewachsen sind und mit der Tochter alles in Ordnung ist.

Heute sind es Tante Marianne, Onkel Manfred und ihre vierzigjährige Tochter Veronika, die uns die zweifelhafte Ehre ihres Besuchs erweisen. Marianne ist eine Schwester des Vaters der Freundin, die mit ihrer Familie gerade eine Städtereise nach Berlin unternimmt und sich selbst eingeladen hat. Wir hätten gerne darauf verzichtet, aber da sie ein recht großzügiges Geldgeschenk gemacht hatte, konnten wir sie schlecht von einem Besuch abhalten.

Als Erstes überprüfen die drei, ob das Kind ausreichend Ähnlichkeit mit den Eltern aufweist. Sie attestieren, die Tochter sähe ganz aus wie der Papa, wie aus dem Gesicht geschnitten, eine verblüffende Ähnlichkeit. Tante, Onkel und Cousine steigern sich in die Vorstellung hinein, bei der Tochter handele es sich quasi um einen Klon von mir, was aufgrund unseres unterschiedlichen Geschlechts biologisch gesehen eine sehr steile These ist.

Da schon die meisten anderen Verwandten sich überschwänglich über die väterlich-töchterlichen Ähnlichkeiten ausgelassen haben, ist die Freundin zunehmend genervt. Irgendwie verständlich. Wenn man die Brut neun Monate in sich getragen, die Wehen erduldet und einen Kaiserschnitt auf sich genommen hat, erwartet man einfach mehr, als immer nur den 2. Platz im Eltern-Kind-Lookalike-Contest zu belegen. Beruhige die Freundin damit, es sei eigentlich gar nicht besonders schmeichelhaft, dass alle finden, die Tochter sähe mir so ähnlich. Schließlich hat sie kaum Haare auf dem Kopf, gibt nur unverständliche Brabbellaute von sich, kackt in die Windeln und sabbert vor sich hin.

Onkel Manfred nutzt das erste Zusammentreffen mit unserem Nachwuchs für ein ausgiebiges Fotoshooting. Die

Speicherkapazität seiner Kamera ausreizend, schießt er ein Bild nach dem anderen von der Tochter. Mit Tante Marianne, mit Cousine Veronika, mit Tante Marianne und Cousine Veronika, als Selfie mit ihm, als Selfie mit ihm und Tante Marianne und so weiter und so weiter, bis er schließlich sämtliche Varianten von Gruppenbildern, bei denen immer eine andere Person die Tochter auf dem Arm hält, im Kasten hat.

Hätten wir gewusst, dass unsere Tochter ein so begehrtes Fotomotiv ist, hätten wir die Bildrechte an dem guten Kind meistbietend an ein Hochglanz-Magazin verkauft und wären gemachte Leute. Dann könnten wir jetzt steuerschonend in Monaco leben und müssten hier nicht mit der buckligen Verwandtschaft sitzen.

Unter dem Vorwand, die Tochter müsse gestillt werden, ergreift die Freundin die Chance, sich aus dem Staub zu machen, und lässt mich mit Tante, Onkel und Cousine zurück. Einerseits eine vollkommen inakzeptable Ausnutzung ihres biologischen Vorteils, dass sie die Einzige von uns beiden ist, die der Tochter die Brust geben kann. Andererseits aber auch ein genialer Schachzug, wie ich zugeben muss.

Sitze nun alleine mit der Verwandtschaft im Wohnzimmer und weiß nicht, über was ich mit ihnen reden soll. Das trifft auf Veronika leider nicht zu. Sie lässt mir einige ungebetene Erziehungstipps zuteilwerden. Dass sie selbst keine Kinder hat, stört sie dabei nicht.

Sie erklärt, Eltern sollten nicht immer sofort aufspringen, wenn ihr Baby weint, sondern müssten es auch mal schreien lassen, damit es frühzeitig lernt, nicht immer seinen Willen zu bekommen. Das habe noch keinem Kind geschadet, pflichtet ihr Tante Marianne bei. Sollte Veronika nach diesen Erziehungsmethoden großgezogen worden sein, möchte ich die Richtigkeit dieser Aussage stark infrage stellen.

Außerdem ist es mir schleierhaft, wie wir unserer Tochter pädagogische Grenzen setzen sollen, die sich als drei Wochen alter Säugling kognitiv auf dem Niveau eines minderbegabten Schimpansen bewegt. Wobei sie Tante Marianne, Onkel Manfred und Cousine Veronika damit intellektuell schon überflügelt haben dürfte.

Nach über einer Stunde, in der mich das verwandtschaftliche Geschwätz fast in den Hirntod getrieben hat, taucht die Freundin wieder auf. Sie erklärt scheinheilig, sie habe die Tochter schon gewickelt, damit ich das nicht immer machen müsse.

Gebe vor, Kaffee zu kochen, und verziehe mich in die Küche. Genehmige mir dort zur Nervenberuhigung erst mal ein Gläschen Johannisbeerlikör. Kurze Zeit später kommt die Freundin mit dem Hinweis, sie ertrage die Verwandtschaft nicht länger. Da ihr als stillender Mutter die Flucht in den Alkohol verwehrt bleibt, muss sie sich mit entspannenden Atemübungen begnügen. (So macht sich wenigstens der Geburtsvorbereitungskurs noch einmal bezahlt.)

Währenddessen lässt sich die Tochter, ohne zu murren, von Tante Marianne zu Onkel Manfred zu Cousine Veronika

112

und wieder zurück reichen. Dabei benimmt sie sich ganz tadellos. Sie weint nicht, gluckst ab und an fröhlich und schläft ansonsten zufrieden vor sich hin. Als sie kurz aufwacht, ordnet sie mit einem gewaltigen Bäuerchen die Föhnwelle von Tante Marianne neu. Diese ist hellauf begeistert.

Ein Phänomen, das ich schon häufiger beobachtet habe. Insbesondere die ältere weibliche Verwandtschaft versetzt so ein Bäuerchen in ekstatische Verzückung.

Anscheinend gibt es einen Rülpsindikator, der sich aus Variablen wie Lautstärke, Milchausstoß und Geruch zusammensetzt und Aufschluss über das Wohlbefinden von Säuglingen gibt. Je größer der Wert, desto lauter die Jubelschreie der Verwandten.

Finde ich ein bisschen unfair, gibt es doch für Erwachsene nur sehr wenige bis gar keine Situationen – außerhalb von Fußballstadien und Bundeswehrkasernen –, in denen das laute Aufstoßen sozial akzeptiert ist beziehungsweise sogar als wünschenswert erachtet wird.

Mit einem weiteren Bäuerchen erbricht die Tochter einen Milchschwall auf die Bluse von Veronika, die anfängt, hysterisch zu schreien. Beschließe, ihren Ratschlag von vorhin zu beherzigen, und ignoriere ihr Gebrüll. Schließlich soll sie nicht denken, dass sie so ihren Willen bekommt.

Kapitel 12

Schlaflos in Moabit

»Schlafe immer, wenn das Kind auch schläft!« Wie Hohn klingt dieser Ratschlag eines alten Schulfreundes, der drei Kinder hat, in meinen Ohren. Es ist mitten in der Nacht, und ich trage auf müden Beinen unsere Tochter durch die Wohnung, die mit der Lautstärke eines Überschallflugzeugs brüllt. Der Tipp mag bei Säuglingen, die große Teile der Nachtstunden mit Schlafen verbringen, funktionieren, nicht aber bei unserer Erstgeborenen. Diese leidet an einer biorhythmischen Persönlichkeitsspaltung: Tagsüber ist sie Dr. Lächelt, aber nächtens verwandelt sie sich in Mrs. Schreit.

Am Tage ist die Tochter ein absolutes Bilderbuch-Baby, wie es allenfalls in der Werbung von Windelherstellern und Babybrei-Produzenten anzutreffen ist. Die meiste Zeit verbringt sie mit seligem Schlummern, und in den seltenen Fällen, in denen sie zu einem akustisch kaum wahrnehmbaren Klagen ansetzt, beruhigt sie sich im Nu an der mütterlichen Brust.

Dieses tadellose Benehmen scheint allerdings nur eine Taktik zu sein, um die Eltern in trügerischer Sicherheit zu wiegen. Sobald die Dämmerung einsetzt, durchläuft das vorher noch so liebreizende Kind eine Metamorphose wie ein Gremlin, der nach Mitternacht gefressen hat. Die unleidliche Nachtkreatur zeichnet sich durch ein minimales Schlafbedürfnis aus, welches höchstens auf den elterlichen Armen befriedigt werden will und ansonsten unablässig nach Entertainment und Bespaßung verlangt. All sein Tun ist darauf ausgerichtet, seine Erzeuger durch Schlafentzug zu zermürben. Wahrscheinlich bemisst sich die Street Credibility unter Neugeborenen daran, wie häufig man seine Eltern nachts in Nervenzusammenbrüche getrieben hat.

Angesichts des verschobenen Tag- und Nachtrhythmus der Tochter ist es für uns als Teil der erwerbstätigen Bevölkerung nicht möglich, unsere Schlafperioden mit denen unseres Kindes zu synchronisieren, wie es mein einfaltspinseliger Schulfreund empfiehlt. Den ganzen Tag schlafend im Bett zu verbringen mag unter Studierenden eine anerkannte Kulturtechnik sein, aber mein Chef lässt sich einfach nicht von meinem Konzept des »Night & Sleep Office« überzeugen. Außerdem ist der deutsche Einzelhandel nicht willens, seine Öffnungszeiten so auszudehnen, dass Jungeltern die Möglichkeit haben, die Konsumgüter des täglichen Bedarfs nachts zu kaufen. (Das ist wahrscheinlich diese Servicewüste Deutschland, von der man immer wieder liest.)

Derweil schaut mich die Tochter herausfordernd an. Als Vertreterin der Generation »Spaßgesellschaft« will sie von mir unterhalten werden. Dies steht meinem eigenen Interesse diametral gegenüber: Ich will schlafen! Erkläre ihr, es könne nicht immer nur um hedonistische Bedürfnisbefriedigung und um »Fun, Fun, Fun!« gehen. Sie müsse lernen, auch mal Langeweile zu ertragen. Dies sei ohnehin die beste Vorbereitung auf das spätere Erwerbsleben.

Mit weit geöffneten Augen gähnt die Tochter mich an, um provozierend ihr Desinteresse an meinen alltagsphilosophischen Ausführungen zum Ausdruck zu bringen. (Das ist wahrscheinlich dieser postmoderne Wertrelativismus, der dazu führt, dass Kinder ihren Eltern nicht mehr den gebotenen Respekt entgegenbringen.)

Versuche es mit einer neuen Taktik: pantomimische Suggestion. Wenn ich oft genug die Augen schließe, wird die Tochter es mir nachmachen und irgendwann einschlafen. Fange langsam an, die Augenlider zu senken und wieder zu öffnen. Die Tochter zeigt keine Reaktion, sondern schaut teilnahmslos durch die Gegend. Beschleunige allmählich die Bewegung meiner Augenlider, bis sie flattern wie ein hyperaktiver Kolibri. Bekomme aufgrund des selbst erzeugten Stroboskop-Effekts Kopfschmerzen. Endlich erbarmt sich die Tochter und beginnt zu blinzeln, bis sie endlich ihre Augen ganz schließt.

Warte noch einen Moment ab, dass sie tatsächlich schläft, und trage sie dann auf Zehenspitzen zu ihrem Bettchen. Bemühe mich dabei, geschmeidig wie eine Katze im Körper eines Nilpferdes allen knarzenden Dielen auszuweichen, was mir wie durch ein Wunder gelingt. Am Gitterbettchen angekommen, lege ich die Tochter behutsam hinein.

116

Aber kaum hat ihr Köpfchen die Matratze für eine Zehntelsekunde berührt, reißt sie die Augen auf und beginnt sofort zu brüllen. (Das ist wahrscheinlich Ausdruck einer seltenen Gitterbettchen-Allergie, die bei ihr ausschließlich zwischen 22 und 5 Uhr auftritt.)

Frage mich, welcher Kretin eigentlich die absurde These aufgestellt hat, ein Kind müsse ab und an schreien, damit sich seine Lunge gut entwickeln könne. Sicherlich jemand, der an fortgeschrittener Gehörlosigkeit leidet. Ich bin dagegen der Meinung, ausreichender Schlaf im Säuglingsalter ist die Grundlage für eine gute körperliche Konstitution. Vor allem der Eltern.

Setze nun auf die beruhigende Wirkung der Musik und stimme mit rauer Stimme Schlaflieder an, in der irrigen Annahme, die Müdigkeit unserer Erstgeborenen herbeizusingen. Stelle ernüchtert fest, dass mein Schlaflied-Repertoire äußerst begrenzt ist. Es beschränkt sich auf »Schlaf, Kindchen schlaf« und eine halbe Strophe von »Der Mond ist aufgegangen«. Meine fehlende Textsicherheit wird auf ungute Weise durch meinen eklatanten Mangel an Musikalität ergänzt. Letzteres führt dazu, dass ich die beiden Lieder in einer an die 12-Ton-Musik von Arnold Schönberg angelehnte Interpretation darbiete. Die Tochter beginnt, mitleiderregend zu wimmern wie eine verlassene Babyrobbe. Ein kurzer Ausflug ins Schlagergenre (»Tränen lügen nicht«) verstärkt das Wehklagen der Tochter. Breche das Gesangsexperiment da-

117

raufhin ab. Gehe ins Wohnzimmer zum Bücherregal und lese der Tochter die Buchtitel vor in der naiven Hoffnung, mein sonorer Sprechgesang könnte einen ermüdenden Effekt auf sie haben. Bei »Jedes Kind kann schlafen lernen« breche ich ob des mich verhöhnenden Buchtitels in einen cholerischen Tobsuchtsanfall wie einst John McEnroe aus. You cannot be serious! YOU CANNOT BE SERIOUS!!!

Nachdem ich mental einige Tennisschläger zertrümmert habe, frage ich mich, woher wir dieses Buch überhaupt haben. Unter modernen progressiven Eltern, zu denen wir uns gerne zählen möchten, gilt es als Hitler unter den Baby-Ratgebern. Die Autoren vertreten die Ansicht, Kinder ab sechs Monate können ruhig einige Minuten alleine im Bettchen brüllen, und diese Schrei-Intervalle sollen immer mehr ausgeweitet werden, bis das Baby gelernt hat, alleine einzuschlafen. Was für eine grausame Methode. Insbesondere für die Eltern, die in Embryonalstellung vor dem Kinderzimmer liegen, weil ihnen das Weinen ihres Babys körperlichen Schmerz bereitet.

Werfe das Buch mit Schwung in den Mülleimer. Die Tochter verstummt kurz. Danach setzt sie das Weinen in erhöhter Lautstärke fort. Die Nachbarn denken inzwischen wahrscheinlich, dass wir in unserer Wohnung satanische Rituale durchführen.

Die Situation verlangt nach kreativen Lösungen. Freunde von uns waren so verzweifelt, dass sie ihren Sohn irgendwann

118

nachts ins Auto packten und so lange mit ihm rumfuhren, bis er einschlief. Eine Methode, die tatsächlich funktionierte, allerdings dazu führte, dass der Bub nur noch im Auto schlafen wollte. Somit mussten unsere Freunde ihren Erfolg mit astronomisch hohen Benzinrechnungen bezahlen. So etwas Albernes machen wir selbstverständlich nicht. In erster Linie, weil wir kein Auto besitzen.

Stattdessen lege ich die Tochter in die Kinderwagentragetasche, um sie in den Schlaf zu schaukeln. Ein Plan, der nicht ganz zum erwünschten Ergebnis führt. Anstatt zu schlafen, juchzt die Tochter fröhlich vor sich hin. Nach kurzer Zeit beginnt mein schwingender Arm empfindlich zu schmerzen, und schließlich muss ich die Schaukelei aufgrund von Erschöpfung beenden. Für die Tochter ist dies inakzeptabel, und dies gibt sie mir zu verstehen, indem sie in ein Geschrei ausbricht, das sich dezibelmäßig auf dem Niveau eines Heavy-Metal-Konzerts bewegt.

Begebe mich mit der brüllenden Tochter ins Schlafzimmer, damit die Freundin auch etwas davon hat. Halte vier Uhr morgens für einen günstigen Zeitpunkt, ihr darzulegen, dass das nächtliche Herumtragen des Säuglings in unserer durch Gleichberechtigung charakterisierten Partnerschaft höchst ungerecht verteilt sei. Ich schlüge mir fast die ganze Nacht um die Ohren und trüge ihr Kind Schlaflieder singend durch die Wohnung, sie dagegen sei lediglich für einige wenige Augenblicke bereit, diese verant-

119

wortungsvolle Aufgabe auch einmal zu übernehmen. Ahne aufgrund des höhnischen Gelächters der Freundin, dass es diesbezüglich gewisse Wahrnehmungsdiskrepanzen zu geben scheint. Sie rechnet mir vor, dass ich mich seit exakt sechs Minuten um das Baby kümmere. Vorher hätte ich mehr als zwei Stunden – anscheinend wenig glaubwürdig – einen tiefen Schlaf vorgetäuscht, während sie sich aufopferungsvoll um die weinende Tochter bemüht habe.

Bringe daraufhin das leicht patriarchalische Argument an, die Natur habe es nun mal so eingerichtet, dass ein Säugling hormonell bedingt eine stärkere Bindung zu der Mutter habe und sich eher von dieser beruhigen lasse. Gerate damit bei meiner in geschlechterkonstruktivistischen Theorien geschulten Freundin an die Falsche. Sie wirft ein, dieser biologistische Schwachsinn sei von Männern in die Welt gesetzt worden, um sich vor ihren väterlichen Pflichten zu drücken. Eine nicht vollkommen uneinleuchtende These, was ich allerdings in der gegenwärtigen Situation nicht eingestehen möchte.

Die Freundin gibt derweil einen kurzen Abriss über den aktuellen Stand der feministischen Debatte zum Thema soziales Geschlecht sowie über ethnologische Feldstudien zu Varianten der Familienorganisation in unterschiedlichen Gesellschaftsformen. Schleudere ihr entgegen, es könne ja sein, dass es bei irgendeinem Naturvolk irgendwo in Afrika ein soziales Geschlecht für ältere kinderlose Frauen gäbe, die sich um die Brut der gesamten Sippschaft kümmern, aber dies würde nichts daran ändern, dass ich ein Mann sei und morgen arbeiten müsse. (Das ist wahrscheinlich ein Standpunkt, mit dem ich mich mit guten Erfolgsaussichten als familienpolitischer Sprecher der CSU bewerben könnte.)

Die Freundin überlegt inzwischen, ob das Leben als alleinerziehende Mutter dem Zusammenleben mit einem Partner vorzuziehen ist, dessen Vorstellungen vom familiären Zusammenleben in der Adenauer-Zeit stecken geblieben sind. Plötzlich werden wir von einer unerwarteten Stille überrascht. Scheinbar hat unser Diskurs auf höchstem intellektuellem Niveau eine sedierende Wirkung auf unser Töchterlein. Sie schlummert friedlich. Erinnert mich stark an die Seminare meines Soziologie-Studiums.

Die Freundin und ich beschließen, in der nächsten Nacht die erziehungssoziologischen Theorien Emile Durkheims zu erörtern. Das sollte die Tochter in kürzester Zeit in den Schlaf bringen. Ich spreche da aus Erfahrung.

Epilog

Stehe am frühen Morgen am Bettchen der Tochter und beobachte sie voller Rührseligkeit. Das hat die Natur schon geschickt eingerichtet: Egal wie kräftezehrend und nervenaufreibend die Nachtstunden waren, wenn dein Kind morgens wie ein Engelchen schläft, könntest du vor Glück platzen. (Gut, Letzteres liegt unter Umständen am stark erhöhten Blutdruck, weil du dich mit einem Eimer Espresso für den Tag fit gedopt hast.)

Es ist ziemlich genau ein Jahr her, dass die Freundin und ich auf der Hochzeit meines Bruders den Entschluss fassten, ein Kind bekommen zu wollen. Nun ist unsere Tochter fast drei Monate alt, und wir können uns gar nicht mehr vorstellen, wie es ohne sie war. (Und wie es war, nachts durchzuschlafen, erst recht nicht.)

Durch das Zusammenleben mit der Tochter haben die Freundin und ich auch als Paar ganz neue Seiten an uns kennengelernt. Bis zur Geburt war unsere Beziehung quasi durch die Abwesenheit von Streit gekennzeichnet. (Dies liegt insbesondere an unserer gleichermaßen hohen Toleranzschwelle gegenüber Unordnung und Chaos, was lästige Haushaltskonflikte vermeidet.)

Mit einem Säugling, der wenig bis gar nichts davon hält, die Nacht mit Schlafen zu verbringen, ziehen aber auch in die harmonischste Partnerschaft Neid und Missgunst ein.

Dabei geht es zumeist darum, wer nachts länger mit dem schreienden Baby durch die Wohnung läuft und wer länger im bequemen Bett liegt und schläft.

Hier ist in unserem Schlafzimmer wie bei allen Eltern eine interessante Anomalie des Raum-Zeit-Kontinuums zu beobachten. Muss man den quengelnden Balg auf dem Arm tragen, vergeht die Zeit quälend langsam. Darf man sich aber ins warme Bett kuscheln, verläuft die Zeit im Schnelldurchlauf, und eine Viertelstunde dauert nicht länger als einen Wimpernschlag.

Leider blieben mehrere E-Mails von mir an Stephen Hawking, dieses Phänomen einmal genauer zu untersuchen, unbeantwortet. Anscheinend hat er kein Interesse daran, das größte Rätsel der Elterngeschichte zu lösen und dafür den Nobelpreis zu gewinnen.

Abgesehen von diesen nächtlichen Differenzen hat unsere Partnerschaft durch die Herausforderung »Säugling« ein neues Level der Rücksichtnahme und Empathie erreicht. Das ist auch bitter nötig, treibt der Schlafentzug unseren körperlichen Verfall doch rapide voran. Dennoch würde ich niemals eine Bemerkung fallen lassen, dass die Freundin mit ihren Augenringen allmählich einem greisen Pandabären Konkurrenz machen kann, sondern platziere im Badezimmer taktvoll eine recht kostspielige Augencreme, die mittels Aloe Vera, Rosenwasser, Magnolien und Vitamin E verspricht, ein wahrer Jungbrunnen für faltige Augenpartien zu sein.

Die Freundin dankt mir dies, indem sie nicht einmal im Traum daran denkt, sich kritisch über nicht zu verleugnende Verlotterungstendenzen meinerseits zu äußern. Stattdessen steckt sie diskret einen »Hotzenplotz-Makeover«-Gutschein in meine Jackentasche, den ich bei dem arabischen Barbier in unserer Straße einlösen kann.

Die letzten drei Monate haben die Freundin und mich auch gelehrt, dass wir uns als Eltern immer aufeinander verlassen können. Das ist doch sehr beruhigend. Spiele ich beispielsweise nach einer durchwachten Nacht mit dem Gedanken, die Tochter in einem Weidekörbchen auf der Spree auszusetzen, spricht die Freundin mir Mut zu und reicht ein Stück Beruhigungsschokolade. Und wenn die Freundin morgens total entnervt im Internet nach Säuglingsinternaten in Usbekistan recherchiert, schalte ich diskret den WLAN-Router aus und gehe eine Runde mit der Tochter spazieren.

Wenn Sie also im Park einem zotteligen Mann begegnen, der vollkommen übermüdet einen Kinderwagen vor sich herschiebt, dann grüßen Sie mich bitte recht freundlich. Und spendieren Sie mir einen Kaffee. Vielen Dank!

Ich danke ...

… den Leserinnen und Lesern meines Blogs, bei Twitter und Facebook für die rege Anteilnahme an meinen Geschichten.

… den Eltern- und Familienbloggerinnen und -bloggern für nette Treffen und regelmäßige Inspirationen.

… Manuela Thieme und Chris Deutschländer für die verlegerische Kühnheit, dieses Buch zu veröffentlichen.

… Christine Härle von der Agentur Brauer für Rat und Tat und ihre ansteckende Fröhlichkeit.

… Stefanie Fiebrig für magische Photoshop-Fähigkeiten, durch die ich auf den Autorenfotos nicht aussehe wie ein entlaufener Insasse einer Nervenheilanstalt.

… Sabine Tuch für das akribische Korrektorat.

… Jan Steins für seine Buchcover-Vorschläge.

… meiner Kollegin Christiane, die sehr früh davon überzeugt war, dass ich ein Buch schreiben soll und es ein Bestseller wird. (Da sie ungern irrt, bitte ich Sie, das Buch zu kaufen, zu verschenken und weiterzuempfehlen.)

Der größte Dank gilt meiner Frau, ohne die es dieses Buch nicht geben würde. Und dies ist kein sentimentales Emo-Gewäsch, sondern ganz wörtlich zu verstehen. Und meinen Kindern lege ich das Buch als Bettlektüre auf ihre Kopfkissen. (Um 21 Uhr wird aber das Licht ausgemacht!)

Zoff & Zärtlichkeiten.
Diese Bücher ersparen die Paartherapie – helfen schneller, machen viel mehr Spaß und sind vor allem viel, viel lustiger.

Stefan Schwarz
»ICH KANN NICHT, WENN DIE KATZE ZUSCHAUT«
»WIR SOLLTEN UNS AUCH MAL SCHEIDEN LASSEN«
Satirische Kurzgeschichten
Seitenstraßen Verlag
9.90 Euro / 7.99 eBook / 10.00 Hörbuch (UVP)
**Versandkostenfrei bestellen: www.seitenstrassenverlag.de
oder überall im Buchhandel**

Bei der Frau tickt die biologische Uhr – und der Mann ist nicht mehr der Jüngste. Warum noch Vater werden? Späte Eltern gibt es immer öfter, doch die Reaktionen darauf sind nicht gerade herzlich. Der Autor erzählt von seinen Erfahrungen mit Kind und Kritikern.

»Kirsten Fuchs ist wie ihre Texte: charmant, intelligent und sehr, sehr komisch. Wenn ich mit ihr zusammen auftrete, mache ich häufig absichtlich kurze Texte, damit ich mehr von ihr hören kann. Große Klasse.«
Horst Evers

Wilhelm Bauer
»VATER MIT 50«
Spätes Kinderglück und bange Fragen.
Ein vergnügter Bericht
Seitenstraßen Verlag
9.90 Euro / 7.99 Euro eBook

Kirsten Fuchs
»EINE FRAU SPÜRT SO WAS NICHT«
Satirische Kurzgeschichten. 10 Euro
Versandkostenfrei bestellen:
www.seitenstrassenverlag.de
oder überall im Buchhandel

Familienbetrieb
@Betriebsfamilie

Wie ich mal vor 17 Jahren ein Date hatte und jetzt jeden Morgen Pausenbrote schmiere.

RETWEETS 703 GEFÄLLT 3.183

08:28 - 25. Juni 2014

703 3,2 Tsd.

Sie wollen mehr?

Christian Hanne alias »Familienbetrieb«
auf anderen Kanälen

Blog:
www.familienbetrieb.info

Twitter:
https://twitter.com/Betriebsfamilie

Facebook:
https://www.facebook.com/hannefamilienbetrieb

Instagram:
http://instagram.com/betriebsfamilie